Terapia con mandalas

Grupo ROBIN BOOK
Barcelona - México
Buenos Aires

Ruediger Dahlke

Terapia con mandalas

Diseñado sobre modelos tradicionales e ideas de Ruediger y Margit Dahlke por Elisabeth Mitteregger, Julia y Andrea Druckenthanter, Willi Weis y Ruediger Dahlke

Traducción de José Antonio Bravo

alternativas

ROBIN BOOK

Si usted desea que le mantengamos informado de nuestras publicaciones, sólo tiene que remitirnos su nombre y dirección, indicando qué temas le interesan, y gustosamente complaceremos su petición.

Ediciones Robinbook
información bibliográfica
Industria, 11 (Pol. Ind. Buvisa)
08329 Teià (Barcelona)
e-mail: info@robinbook.com
www.robinbook.com

Título original: *Arbeitsbuch zur Mandala-Therapie*

Diseño cubierta: Regina Richling
Fotografía de cubierta: iStock © BibiDesign
ISBN: 978-84-9917-050-3
Depósito legal: B-13.118-2010
Impreso por Limpergraf, Mogoda 29-31 (Can Salvatella), 08210 Barberà del Vallès

Impreso en España - *Printed in Spain*

Para Naomi-Magdalena

«Comprendí con claridad cada vez mayor
que el mandala es el centro, es la expresión
de toda vida, es la vía de la individuación.»
C. G. JUNG

Prólogo

Hace veinte años, inspirado por los trabajos de C. G. Jung y movido por la afición personal, empecé a introducir el dibujo de mandalas en el protocolo psicoterapéutico. Por aquel entonces no estaba muy seguro de que tales «niñerías» fuesen a encontrar aceptación. A principios de los años ochenta empecé mi libro *Mandalas*, (Robinbook, 1997) en parte por la mencionada afición y en parte para dar a mis pacientes un libro que ellos pudiesen iluminar, sirviendo de terapia complementaria. No sospechaba yo entonces que estaba poniendo en marcha toda una moda, la de pintar mandalas.

Viajé de una catedral a otra con un camión acondicionado como vivienda y copié los rosetones góticos, que me inspiraban una creciente fascinación. Todavía hoy los considero como la culminación de la cultura mandálica. Andando el tiempo las catedrales que yo visitaba fueron desvelándome secretos, los cuales, si bien tenían su origen en los mandalas, en realidad llevaban mucho más allá. Más tarde, y conforme iba descubriendo mandalas en todas partes, como por casualidad, así en la naturaleza como en las obras de la cultura, comprendí que todo guardaba relación. Desde entonces los mandalas me acompañan, literalmente, a cada paso, y su secreto, que es el misterio del centro, no me ha abandonado ya nunca.

Finalmente no hubo más remedio que practicar una selección severa, para que el libro no resultase demasiado voluminoso. Pese a mi entusiasmo o casi diría fanatismo por la causa, durante mucho tiempo no fue posible hallar una editorial dispuesta a publicarlo. Nadie se atrevía a dar un tema tan poco popular a las prensas. Los mandalas y yo éramos objeto de un rechazo cortés, pero inexorable. Ahora han pasado veinte años y sería difícil encontrar una editora que no se haya sumado de un modo u otro a la caravana de los mandalas. La idea del libro para colorear, inaugurada en mi *Mandalas*, fue copiada una y cien veces, en todo caso variando el énfasis dedicado a tal o cual aspecto. Lo milagroso del caso fue la evidente demanda de mandalas, que sigue aumentando. El mandala ha reconquistado espacios que había tenido entre nosotros y perdido en el decurso de la historia, y bien puede decirse que los ha recuperado por mérito propio, sin campañas publicitarias ni apoyos mediáticos. Funcionó la recomendación oral de aficionado a aficionado, y así creció la marea que todavía nos invade.

Tengo para mí que mis dificultades en hallar un cobijo editorial para mis mandalas, es decir, en lograr que otros compartieran mi entusiasmo inicial, consistían en la dificultad de imaginar que pudiera «funcionar» una idea tan sencilla. Pero los mandalas funcionan, y personalmente deseo que sigan funcionando después de aquellos comienzos que me llevaron a escribir y dibujar *Mandalas*.

Considerándome hasta cierto punto «padre» de la criatura y después de veinte años de trabajar con mandalas, creo que ha llegado el momento de escribir y pintar un paso más, que consistirá en divulgar las experiencias terapéuticas que poseo. Para ello me serviré de la forma tradicional —puesto que ahora ya dejó de ser revolucionaria— del libro para uso personal del lector, quien se encargará de colorearlo.

En esta segunda entrega de ejercicios prácticos seguiremos en principio el que tan buenos resultados dio en la primera, el del dibujo a mano alzada, renunciando deliberadamente a la perfección mecánica que hoy día se consigue fácilmente por medio de los ordenadores. Pero como hoy día el ordenador ha pasado a ser un elemento esencial del mundo contemporáneo, Willi Weiss ha creado con su ayuda los mandalas esenciales y también los del capítulo dedicado a «mandalas del mundo moderno». De hecho la perfección del mandala sólo existe en el centro inmaterial; no sería oportuno buscarla en la periferia, donde se expresa la polaridad de los contrarios. Así lo intuyen, al menos, los que habitan culturas mandálicas y que han conservado hasta hoy la conciencia del mandala. Salvo la excepción citada, sólo hemos utilizado los medios auxiliares de que dispusieron los primeros constructores de cabañas: el compás, la escuadra y la regla. Medios que como se echa de ver, también fueron suficientes para los maestros de obra que levantaron las catedrales góticas con sus rosetones insuperables.

Para más sugerencias sobre los mandalas, con juegos y ejercicios, véase R. Dahlke, *Mandalas: cómo encontrar lo divino en ti*, Robinbook, 1997, Barcelona.

¿Por qué un libro para colorear dirigido a lectores adultos?

Es pregunta que vengo oyendo con alguna reiteración, en ocasiones acompañada de cierta agresividad. Creen muchos que colorear dibujos es una actividad infantil. En principio los mandalas son recomendables para cualquier edad. Puesto que abarcan toda la vida, pueden acompañar a cualquier época de ella. Pero por otra parte, sin duda no es casual que los niños empiecen con los libros para colorear y se dediquen a calcar las estructuras existentes. En cierta medida el ser humano vive dentro de un esquema predeterminado, aunque en Occidente no nos guste confesarlo así. El mandala, con su geometría fija, es una buena imagen de esa nuestra verdadera situación. Al colorear estructuras predeterminadas practicamos el adaptarnos a una pauta que encontramos dada y no vamos a poder modificar mucho. Claro es que podemos y debemos aportar nuestra nota personal: no encontraremos dos ejemplares idénticos de un mismo mandala pintado por mil personas diferentes, aunque todos tengan la misma estructura como es natural.

Así pues, cuando los niños colorean las muestras de los libros, se entrenan en llevar color propio a la vida, y aprenden al mismo tiempo la necesidad de guardar determinadas formas. Muchas de las colecciones de mandalas que se publican hoy restan importancia a este aspecto, y se prefiere poner énfasis en la libertad creativa por encima de todo. Lo cual va de acuerdo con el espíritu de nuestra época, pero no es la realidad de la vida ni, por consiguiente, tampoco la del mandala. Lo cual no quita que el colorear mandalas guste a todos los niños, así los pequeños como los mayores, y de eso viven todas esas publicaciones.

Por supuesto la creatividad es un tema importante, o mejor dicho de importancia central muchas veces. Pero no crea tantos problemas. Poniéndonos en el terreno de los principios fundamentales diríamos que la creatividad corresponde al principio solar, no poco representado entre nosotros y tenido siempre en alta estima. En cambio, el cumplir fielmente con unas leyes, el someterse voluntariamente a unas circunstancias intemporales, pertenece al principio de Saturno; hoy día resulta muy problemático y la astrología banal, la de las revistas ilustradas, considera que tener que hacer todo eso es la mayor de las desgracias. Importaría, por tanto, que muchos de nosotros nos acostumbrásemos a colorear mandalas en vez de construirlos con arreglo a nuestra libre inspiración. Si lo segundo nos parece más divertido, estamos apuntando a una obviedad: que el principio solar acarrea más placer que el saturniano. Pero como todos ellos son insustituibles en esta Creación y todos exigen ser respetados, los problemas saturninos nos afectan más aunque, por lo general, no deseemos reconocerlo.

Mientras contemplo retrospectivamente veinte años de ejercicio de la medicina y la psicoterapia, encuentro dramas debidos a la transgresión de las leyes (cósmicas), mucho más numerosos que los debidos a no haber manifestado la propia creatividad. En muchas dolencias, por supuesto, coinciden ambos problemas en el sentido de que las personas afectadas consideran demasiado absolutas las leyes del mundo al tiempo que ignoran las cósmicas, y por falta de iniciativa y de creatividad no alcanzar a vivir la propia vida.

Sin duda es oportuno ejercitar la creatividad mediante el dibujo espontáneo, sumar experiencias, superar limitaciones trazadas por humanos, en lo que reconocemos el principio uraniano. Pero a mí me parece mucho más importante que aprendamos de nuevo la subordinación a las leyes cósmicas y divinas que determinan nuestra existencia, querámoslo o no. Colorear mandalas nos permite hacerlo de una manera agradable. De ahí, creo yo, su extraordinario éxito. Aunque muchas veces no nos demos plena cuenta de ello, estamos practicando una de las tareas más importantes que nos plantea la vida.

Cuando digo leyes cósmicas no me refiero sólo a las grandes correspondencias de orden general, como la ley de la polaridad o la de resonancia. Hablo también de cosas tan profanas como una alimentación correcta según la especie a que pertenecemos, o la necesidad de establecer una proporción natural entre actividad y reposo. Cuando el hombre, que es omnívoro con fuerte propensión a la alimentación vegetariana, se atiborra de proteínas día tras día, durante decenios, no ha de extrañar que se le presenten luego la aterosclerosis, el reumatismo y demás consecuencias de nuestro excesivo consumo proteínico, tengan los nombres clínicos que tengan. Se ha transgredido una ley, y hay que pagar el precio. No importa que la mayoría no tenga en cuenta esas reglas, porque funcionan lo mismo. En Alemania contamos unos cinco millones de reumáticos y las arterias de la población presentan un estado de calcificación inenarrable, el cual comienza prácticamente desde la pubertad. Conocer las leyes fundamentales de la Creación, y acatarlas, es el paso más esencial para controlar nuestra propia vida, como venimos viendo desde hace años en cursillos y seminarios al efecto.

Posiblemente el hombre occidental, enamorado de la idea de decidirlo todo y controlarlo todo por sí mismo y en todo momento, creyendo poder saltarse todas las leyes, ignoró durante mucho tiempo el mandala porque éste le ponía en evidencia la pauta de su vida, y con ello una no pequeña cantidad de determinaciones. Cosa que no deseábamos ver hasta hace bien poco, cuando empezamos a comprender que nuestra «sociedad manipuladora» está tocando sus límites, y empieza a peligrar incluso el planeta que nos sustenta. Entonces el mandala volvió a encontrar el camino interior de las conciencias. Los habitantes de las naciones industrializadas vamos comprendiendo que nos faltan medios, y no digamos poder, para vivir la vida contrariando las leyes de la Creación. De hecho sería preciso que todos nos diéramos cuenta de que ni siquiera logramos controlar las transiciones vitales esenciales que el mandala refleja. Bien consideremos la concepción y la liberación en el punto central del mandala, o el punto medio de la vida en la periferia de éste: los éxitos de la medicina moderna son muy apreciables, pero muy superficiales todavía, y, además, no pueden modificar las condiciones esenciales de la vida humana.

Ciertamente, no escatimamos en medios para retrasar la muerte, pero nos vemos obligados a admitir, una y otra vez, que ella tiene la sartén por el mango. Incluso cuando les quitamos algunos órganos a los moribundos, órganos que tendrán una longevidad añadida implantados en otra persona cuya desaparición definitiva se retrasa a su vez por efecto del implante, todo ese resultado no deja de ser parcial, frente al poder superior y a la dignidad callada de la muerte, que en cualquier caso se reserva siempre la última palabra.

Lo que todavía casi todos entienden cuando se trata del último tránsito va quedando en olvido para muchos de los demás. Por ejemplo el cambio correspondiente a la mitad de la vida no se determina con exactitud, pero no reparamos en medios para aplazarlo. Hoy día los ginecólogos utilizan toda la panoplia de hormonas para evitar la experiencia del cambio a las mujeres confiadas a sus cuidados. Los motivos son evidentes. Cada vez son menos las personas dispuestas a desandar camino, cuando han llegado a la periferia del mandala, para emprender el retorno del alma; si pudiéramos decidir a nuestro antojo cuándo deseamos abordar ese cambio, me parece que nadie se avendría a ello antes de haber cumplido el siglo. En realidad, la menopausia empieza estadísticamente a los cincuenta y un años.

Siguiendo la misma lógica que suprime por vía hormonal la experiencia del cambio en las mujeres, a no tardar podríamos evitarles la pubertad a los niños, ¿o acaso no es desagradable que dejen de gustarnos súbitamente los juegos de la infancia, que termine ese período maravilloso de la vida y empiece otro en el que nos sentimos incómodos dentro de la propia piel? El médico podría administrar a las muchachas, por ejemplo, antiestrógenas, cuyos efectos nos son conocidos a través de los tratamientos contra el cáncer de mama. Y aunque todavía no se ha llegado a tanta locura, la analogía puede servirnos para ver hasta qué punto hemos llegado en otros aspectos.

Si consideramos el asunto con detenimiento y sinceridad veremos que la vida se compone de dibujar siguiendo la propia inspiración, o colorear lo que dibujaron otros. No obstante, el libro para colorear, que obliga a seguir una pauta dada, trae el tema fundamental y por eso, en la evolución vital ese ejercicio hay que practicarlo antes de pasar a dibujar libremente, dando rienda suelta a nuestra creatividad. Aunque moleste a los adultos, lo cual no es sino un síntoma del espíritu de nuestra época y nuestra ceguera para las realidades. En efecto, colorear libros de dibujos es cosa de niños; si agrada a muchos adultos y debiera recomendarse a muchos más, es porque nuestra época, por inconsciente, quiere ignorar las transiciones de la vida y los ritos de paso que implican. Motivo por el cual pocos adultos producen, en realidad.

En la evolución personal muchas veces lo arduo y molesto es lo que más importa. Por ejemplo, importa acomodarse a lo inevitable antes de querer dar forma a lo que nuestra decisión y nuestras aptitudes creativas nos piden. Así lo expresa con gran acierto la oración:

> Señor Dios, dame humildad para aceptar lo que no pueda cambiar,
> fuerza para cambiar cuando esté a mi alcance hacerlo,
> e inteligencia para distinguir entre lo uno y lo otro.

Cuando se ha adquirido la maestría de la repetición, cuando se ha asumido el «hágase tu voluntad, no la mía», entonces y sólo entonces puede la creatividad desarrollar todo su potencial. Por eso es tan importante para niños y para adultos esta actividad de colorear dibujos. El niño pequeño y el adulto que se someten a la repetición practican la actitud de reverencia simbólica ante lo creado. Es así como adquieren la capacidad para desarrollar libremente su creatividad, más adelante, y con dominio más pleno de la expresión. Pues se observa fácilmente que son las personas más respetuosas con lo preexistente, las que mejor han asumido el panorama general de su vida, las que destacan entre los grandes creadores.

Los mandalas en la experiencia terapéutica

Introducción

Algunos años después de la publicación de *Mandalas* recibí una carta de una joven médica que me formulaba una pregunta asombrosa sobre el efecto de los mandalas. Como futura especialista en neurología, estaba en su año de internado psiquiátrico y le tocó desempeñarlo en un departamento de geriatría. Se comprende que el nivel de exigencia terapéutica se hallaba bajo mínimos, y la tercera edad consistía simplemente en administrar mejor o peor las afecciones mentales típicas. Al comienzo la aprendiz intentó rebelarse contra esta situación, propugnando la introducción de principios terapéuticos, hasta que sus energías se desgastaron frente a la tenaz resistencia tanto de los psiquiatras como de las mismas pacientes.

Por una de esas casualidades llegó a sus manos el libro de *Mandalas* y en vista del fracaso de todo lo demás, se le ocurrió repartir mandalas y lápices de colores, para que aquellos de sus pacientes que todavía tuviesen ganas de emplearse en alguna actividad los pintaran. Poco a poco las paredes del departamento fueron llenándose de mandalas y se generalizó la costumbre de colorear. Se habían aficionado incluso algunas pacientes de quienes nunca se habría esperado tal cosa; la tarea era distraída y por otra parte, tan fácil que no precisaba de largas instrucciones. Aquello llegó a ser como una especie de inofensiva «epidemia», según comentó uno de los colegas. Al cabo de varias semanas, durante las cuales no se registró ninguna disminución del interés por colorear mandalas, empezaron a observarse cambios asombrosos entre las pacientes. Los médicos las hallaban más centradas y más tranquilas; además, el ambiente general del departamento pareció más armonioso y alegre. Dos ancianas que llevaban años sin pronunciar palabra ni reaccionar apenas a las interpelaciones, empezaron a pintar también, con no poco asombro por parte de los observadores. Cuando una de ellas recobró el uso de la palabra, creció la sospecha de que tal fenómeno debía tener algo que ver con los mandalas. Y cuando la segunda reanudó también la comunicación con sus vecinas, la joven médica quedó prácticamente convencida: algún misterio debía encerrar eso de los mandalas.

En el ínterin he visto muchas experiencias parecidas y me he enterado de historias que rozan lo milagroso. Aunque no me consta que se haya realizado ningún estudio sistemático, lo cual es de lamentar. Como sabemos, por principio nuestros científicos no se ocupan de ese género de fenómenos. ¿Qué multinacional químico-farmacéutica, o qué universidad asignarían presupuesto para unos estudios sobre el efecto de los mandalas en los pacientes psiquiátricos? Como no se espera ningún beneficio económico de eso, podemos estar seguros de que no existen ni existirán tales estudios en un futuro previsible. En el geriátrico de mi joven informante, la autoridad puso rápido fin a la pintura de mandalas, ¡fuera engorros! Aunque sólo fuese para no tener que revisar viejas nociones.

No nos queda más remedio que tratar de sacar conclusiones a partir de observaciones y experiencias aisladas. Muchas de estas experiencias son tan conmovedoras que nos cuesta describirlas con la sequedad del lenguaje científico; si las recopiláramos, por ejemplo, para tratar de construir un informe, desaparecería algo esencial y que guarda relación con las maravillosas propiedades de los mandalas. A saber, su capacidad para restaurar la emotividad de los humanos, para centrarla y para integrarla. Apenas existe una tradición que nos permita expresar verbalmente los procesos de individuación humana, nuestra sociedad nunca los consideró dignos de interés; y aun después de que C. G. Jung llamase la atención sobre ellos, los estudiosos han seguido pasando de largo, por lo general, salvo algunos grupos marginales que se mueven en los confines de la heterodoxia social. Lo cual puede asombrar tanto más, si tenemos presente que la mayoría de las culturas arcaicas no conocieron otra meta sino, precisamente, ese camino de la individuación.

En todo caso, parece que el mandala alude a ese camino evolutivo y como éste es lo más individual y peculiar de cada persona, resulta que los efectos del mandala son múltiples y difícilmente catalogables. Generalizando al máximo cabría decir que el mandala facilita la «humanización». Pero esta expresión puede sonar extraña a nuestros oídos de occidentales, precisamente porque estamos acostumbrados a considerar que el ser humano lo es desde que nace. Esto, que es verdad desde el punto de vista jurídico, resulta más discutible cuando lo consideramos desde la perspectiva de la evolución psicológica. Entre los indios, por ejemplo, la progresión hasta convertirse uno en un ser humano auténtico es una lucha que dura toda la vida. Y también la tradición del esoterismo occidental postula, con Gurdjieff, que no se despierta a la condición de humanidad sino después de un largo proceso de evolución personal. En ello el mandala contribuye precisamente del modo que mejor conviene a cada uno.

Como he mencionado antes, una vez propuse a varios centenares de personas un mismo mandala para colorear, y no se consiguieron dos iguales. Sin embargo, yo he visto un caso contradictorio, aunque sólo en apariencia, que ocurrió en uno de nuestros grupos de ayuno cuando se propuso un popular *juego de mandalas* precisamente como *primer ejercicio* de emulación. Consiste en formar parejas con los participantes; cada una de éstas corta un mandala por la mitad, es decir, diametralmente. Cada miembro de una pareja se va a un rincón de la sala con su mitad de mandala y los siete lápices de colores, mientras que su compañero se encamina al rincón opuesto. El ejercicio consiste en tratar de sintonizar mentalmente con el otro de manera que al reconstruir el mandala los colores salgan tan coherentes como sea posible. Media hora más tarde y después de reunir las mitades correspondientes, observamos (como suele ocurrir) algunas coincidencias sorprendentes, por más que no hubiese ningún mandala idéntico.

Lo asombroso ocurrió hacia el final de la semana que duraba el cursillo. En el grupo teníamos un matrimonio de edad avanzada; él y ella se habían emparejado con otras personas para practicar el ejercicio descrito. La coincidencia de sus mitades con las de las parejas elegidas no fue nada del otro jueves, y permaneció dentro de lo estadísticamente previsible. Pero el último día, cuando volvimos a sacar los mandalas para que cada participante se llevase su mitad, una «casualidad» nos permitió observar que, si bien las mitades de los mandalas de aquellos ancianos no coincidían con las de sus parejas elegidas, en cambio sí casaban, y, además, perfectamente, la del marido con la de la mujer. La probabilidad de que tal resultado pudiese darse aleatoriamente entra en el orden de los premios gordos de la lotería.

Los protagonistas quedaron conmovidos hasta derramar lágrimas; no es un caso infrecuente tratándose de los mandalas, que por lo visto conmueven capas muy hondas de la emotividad. Era obvio que ambos habían encontrado su *media naranja*. La experiencia demostró, además, que la comunicación intuitiva existente entre ambos no se daba en la misma medida con terceras personas.

Estos ejercicios y juegos con los mandalas pueden llevarnos a sondear las profundidades de nuestro fuero interno. En cuyo caso el ejercicio nos proporciona de paso un buen *test de la intuición*. En su mayoría los resultados no suelen superar la cuota estadística de aciertos, pero de vez en cuando se alcanzan coincidencias no explicables por el azar.

Who is who con los mandalas, o quién casa con quién

Otra experiencia no prevista nos descubre de manera impresionante la profundidad del simbolismo mandálico, aunque nuestro ejemplo no tuviese un desenlace feliz para todos. Los del grupo habíamos pintado mandalas y luego los reunimos todos para formar un mandala gigante y colgarlo en la pared. De súbito entró la ex de uno de los participantes, y cuando se le preguntó cuál de los ejemplares coloreados le gustaba más, eligió espontáneamente el de su antiguo cónyuge. Éste quedó tan asombrado como ella misma cuando le explicaron el caso. Pero la más atribulada fue la nueva novia de nuestro participante, que también se encontraba allí. Entre los tres protagonistas se desarrolló enseguida una dinámica de grupo que auguraba un desenlace violento. No valieron de nada los intentos de quitar hierro, como «¡pero sino es más que un juego!», o «este mandala ya estaba dibujado y no tiene nada que ver con cuestiones personales». Las emociones desencadenadas siguieron su curso caótico, y aquella tarde fue el comienzo de la separación de la nueva pareja así como de la reconciliación de la anterior. A lo que parece el mandala, o mejor dicho la elección espontánea de la ex esposa, les había indicado que aún quedaban asignaturas pendientes entre ellos y que debían tomar la decisión de vivirlas. El mandala puso en marcha la evolución de esas tres personas, aunque una de ellas pudiese considerarse perjudicada. Los ex esposos volvieron a unirse para llevar a término lo comenzado en su día, y la perdedora se vio obligada a reconocer que había tratado de ocupar una plaza que, en realidad, nunca estuvo vacante.

Terapeutas y diagnósticos

Dentro de esa tónica, el diagnóstico asistido por el mandala suele ser un tema popular. Eso se debe, sobre todo, a lo muy enamorados que estamos de la noción de diagnóstico. Desde luego es halagadora la idea de llegar a saber más que otros gracias al dominio de un procedimiento que ellos no conocen. Aunque, a su manera, puedan parecer impresionantes los ejemplos aducidos en el apartado anterior, hay métodos más sencillos y sobre todo más fiables para establecer diagnósticos. No hace falta recurrir a los mandalas. ¡En cambio, apenas se hallará método terapéutico más idóneo en el dominio de lo espiritual!

Corrientemente el diagnóstico nos fascina más que el tratamiento. Lo vemos en la medicina convencional, que dispone de un impresionante arsenal de recursos diagnósticos pero no brilla tanto en cuanto a los tratamientos, o digamos más bien que las terapias se hallan estancadas a un nivel bastante lamentable. En neurología, por ejemplo, podemos chequear a los pacientes durante semanas, si queremos, utilizando los métodos diagnósticos más refinados; a la hora de la prescripción, sin embargo, muchas veces nos vemos reducidos al dilema «cortisona sí o no». En casi todas las demás disciplinas encontramos una asimetría semejante.

Por fortuna el mandala nos plantea la situación inversa. La utilidad terapéutica es enorme, sin que muchas veces sepamos el porqué. Además, su uso es muy sencillo. Cada uno se lo administra espontáneamente y así, en un abrir y cerrar de ojos, se convierte en su propio terapeuta. No hace falta ni poca ni mucha formación de especialista, y esto quizá resulta decepcionante para muchos desde el momento en que, por lo general, somos más bien partidarios de las destrezas complicadas que demandan un largo aprendizaje. Lo que fascina en los mandalas es justamente la sencillez de la aplicación. Si nos fijamos bien, veremos que esto mismo se cumple en otros muchos aspectos, y que las medicinas de auténtica eficacia consisten muchas veces en cosas muy sencillas. Los remedios florales de Bach, por ejemplo, originados a partir de algunas hierbas silvestres y otros vegetales. El creador de este sugestivo sistema terapéutico, el doctor Edward Bach, nunca se cansaba de subrayar la importancia de la sencillez mencionada (*simplicity*).

Si decidimos ocuparnos de los mandalas estamos a un paso de llegar a ser nuestros propios terapeutas, y conviene recordar que la *autoterapia* siempre es preferible a las intervenciones ajenas. El que anima a otros para que se decidan a colorear mandalas se hace mediador de una terapia estupenda. Aunque tampoco es para envanecerse demasiado de ello, por más que apenas quepa concebir mejor recomendación ante casos de problemas psíquicos. Sería muy deseable que se procurase tratar más con mandalas y menos con remedios de la medicina convencional. Si pintar un mandala tranquiliza más que un fármaco, evidentemente es preferible lo primero. Pero es verdad que los tranquilizantes cuentan con un *lobby* de eficacia nada desdeñable en la industria químico-farmacéutica y sus adláteres. En cambio los mandalas no tienen a su favor sino la resonancia que pueden producir en las personas. Si los médicos no los recetan todavía, ante todo es consecuencia de que éstos no los toman en serio, o quizá temen que sus pacientes no los tomarían en serio a ellos si escribieran en la receta «rellene un mandala a la hora del desayuno y otro antes de acostarse», haciendo extensiva la recomendación, además, al resto de la familia. Sin embargo, incluso en esto empiezan a perfilarse algunos cambios. Así como los médicos prescriben ante determinados síntomas una meditación guiada en vez de unos comprimidos, en casos aislados puede ocurrir que recomienden pintar unos mandalas. Ocurre lo mismo que con otras muchas innovaciones del área espiritual tangente a la medicina, aunque por desgracia los médicos suelen ser los últimos en apuntarse a la tendencia, y sólo cuando ésta ha conquistado ya a los más amplios sectores de la población. Por lo que se refiere a la interpretación de los cuadros sintomáticos, algunas veces se ha podido observar que la del paciente era la buena y la que se imponía. Algo parecido sucede con los mandalas. Poco a poco los colegas van poniéndose al día y es posible que en el caso de los mandalas, el entusiasmo multitudinario haya acelerado la (por ahora incipiente) aceptación.

Si, además, tenemos en cuenta que esta forma de autoterapia no tiene prácticamente ningún *efecto secundario* indeseable, nos hallamos ante un recurso terapéutico sin rival. Las únicas experiencias negativas que yo he presenciado, y que podríamos denominar efectos secundarios, se han producido con algunas ediciones de bolsillo de mi libro *Mandalas* y otros títulos del mismo género. Debido al formato reducido de los volúmenes, los mandalas quedan de un tamaño demasiado pequeño y algunos usuarios, en vez de centrarse, corren el peligro de ponerse nerviosos mientras intentan colorearlos. En estas condiciones se tropieza continuamente con la limitación del grafismo, hasta que uno choca con los límites de la propia paciencia. A un individuo propenso, por temperamento, a hacer todas las cosas a lo grande, semejante mezquindad llega a «sacarle de sus casillas» fácilmente. A veces el problema se corrige precisamente a favor del mandala: el que hubiese comprado una de esas ediciones económicas por tacañería tal vez quedará curado de semejante rasgo de carácter. Porque, si bien la economía y la frugalidad son muy útiles en diversos aspectos de la vida, resultan de lo más contraproducente en lo que se refiere a la evolución espiritual. En lo concerniente a la autoterapia y a los recursos expresivos del alma, casi nunca conviene ser ahorrativo. He visto con frecuencia que uno se compraba la edición de bolsillo y leía con interés las informaciones aportadas, pero no conseguía disfrutar con unos dibujillos tan pequeños. Más le habría valido adquirir directamente el libro de formato grande (y mucho más bonito), que no verse obligado a hacerlo después de todas maneras.

En principio, el tamaño de los mandalas es cuestión de preferencias individuales; un mandala demasiado grande también puede suscitar un poco de malestar subjetivo, aunque personalmente desconozco esa experiencia. En efecto, a veces los originales no son grandes sino enormes, como sucede con los rosetones de las catedrales góticas: la reproducción en un libro implica ya una tremenda reducción a escala. No hay que exagerar en ningún sentido si queremos que la actividad de colorear mandalas despliegue óptimamente sus virtualidades terapéuticas.

Orientaciones para el diagnóstico

No considero que la formulación de diagnósticos por medio de los mandalas sea un tema importante; puede darse el caso, pero guardémonos de exagerar su trascendencia. La lógica sugiere que debe ser posible invertir los principios de la utilización terapéutica para inferir conclusiones aplicables a la diagnosis.

El que se siente seguro de su centro interior suele pintar de dentro hacia afuera, desarrollándose en libertad hacia el mundo exterior, como si dijéramos. En cambio los que no disponen de mucha confianza en sí mismos y todavía están buscando su camino tienden más bien a dibujar desde la periferia hacia dentro. En el mandala, el sujeto inseguro se inclina a la autoterapia, desde el primer momento y moviéndose de fuera hacia adentro con el designio de «ganar centro».

Sin embargo, según su estado de ánimo, el que pinta puede tender a enfrentar su problema al modo homeopático, lo cual lleva directamente a la terapia, por ejemplo cuando el introvertido quiere salir del punto central en donde se ha atrincherado, o el extravertido busca pintando el camino del centro. Pero también hay que contar con los que evitan el problema, el introvertido que se encierra yendo de la periferia al centro, y el extravertido que tiende hacia la periferia, de acuerdo con su manera de ser. Teniendo en cuenta que por lo general alternan estas tendencias, la homeopática y la alopática, difícilmente se llegará a establecer ningún diagnóstico concluyente por ese camino. En todo caso, sería necesario un conocimiento global muy detallado de la situación que se nos plantea.

En la terapia mandálica tal circunstancia no supone ningún problema porque lo habitual es que el paciente pase por sí mismo de una fase de comportamiento alopático defensivo al polo homeopático, y, por tanto, terapéuticamente útil. En algunos casos, por supuesto, la inducción terapéutica puede ser útil para romper el hábito inicial y establecer un reequilibrio y una relajación.

Al colorear los mandalas se puede observar, por supuesto, cómo se enfrenta la persona a los límites, si los acepta de buen grado o los tolera de mala gana, si intenta ultrapasarlos, si se consiente errores o apenas consigue perdonárselos. En los mandalas en espirales veremos también si procede en el sentido de las agujas del reloj, que es también el de la marcha del sol, o si se rebela contra ello. La obra también revela nuestra manera de repartir el tiempo y el grado de autoestima que extraemos.

Una vez tenido en cuenta todo esto, cabe ir más allá e incluir en el diagnóstico la elección de los colores. También son susceptibles de interpretación las preferencias a favor de determinadas formas, o mandalas enteros, que guarda correspondencia con las relaciones numéricas utilizadas en la construcción del mandala. Si nos fijamos bien, todas las estructuras de este universo están sometidas a determinadas relaciones numéricas. Sobre las interpretaciones básicas de las formas, los colores y las cifras puede consultarse mi libro *Mandalas*.

A mi modo de entender, el único camino fiable para un diagnóstico en el que se pueda confiar, es la interpretación de los principios básicos que entran en juego. Si conocemos los diez arquetipos fundamentales y las maneras en que se expresan en el mundo, no nos equivocaremos al interpretar los mandalas. El tema excede los límites de la presente obra, ya que aquí pretendemos tratar de los mandalas mismos; el lector que quiera recorrerla irá encontrando expuestos esos diez principios básicos y si los colorea, le comunicarán una primera impresión del mundo de formas, colores y estados de ánimo que cada uno de aquéllos incorpora.

Experiencias terapéuticas hasta aquí

Si prescindimos de crónicas de las culturas arcaicas que hablan reiteradamente de curaciones rituales, hace veinte años no teníamos más testimonio positivo que el de C. G. Jung en cuanto a los efectos terapéuticos de los mandalas. El mismo Jung experimentó sus virtudes durante el proceso o larga crisis que le supuso la «ruptura del cordón umbilical» con Freud; desde entonces los tuvo en alta estima mientras vivió. Su aparición en los sueños la interpretaba como señal de alarma de un alma apurada en busca de su punto de apoyo, o por el contrario como un signo positivo, en el sentido de haber llegado a su término una evolución, lo cual se manifestaba a través del mandala en tanto que expresión de la plenitud. Por ejemplo, cuando aparecían mandalas en sueños después de un largo psicoanálisis, él valoraba tal circunstancia como un indicio de que el tratamiento estaba tocando a su fin. Pero por otra parte, los mandalas presentados por los pacientes psicóticos serían señales del alma desesperada y al mismo tiempo autoterapia, porque gracias a ellos esas personas encontraban una referencia que tal vez consiguiera estabilizarlas. La contradicción es sólo aparente y, además, no implica en realidad ningún problema, porque el mandala puede contener la totalidad en todos sus aspectos e incluir, por tanto, significados contradictorios. Sin embargo, desde el punto de vista de un balance general, el efecto terapéutico irá siempre en el sentido de lo completo y lo plenamente acabado.

En nuestro centro terapéutico venimos observando desde hace años ese aspecto del mandala como especie de áncora para los espíritus que padecen dificultades. Para nuestras terapias de reencarnación, al principio del tratamiento cada paciente recibe un ejemplar de *Mandalas* y se le invita a ocuparse con él durante las cuatro semanas de estancia y aprovechando los ratos libres no dedicados a otras aplicaciones terapéuticas. Una y otra vez nos han asegurado nuestros pacientes que el trabajo con los mandalas fue una gran ayuda para pasar los intervalos entre sesiones muy difíciles, y sobre todo para la integración de los contenidos oscuros, de su lado de sombra. En el ínterin hemos pasado a recomendarlo para la integración de toda clase de vivencias psíquicas conflictivas. Hay un proverbio persa que dice «ten paciencia, porque todo se hace difícil antes de hacerse fácil». El colorear mandalas nos habitúa a tener un determinado tipo de paciencia, y es un gran impulso para esa facilitación de cosas inicialmente difíciles. El humano que colorea, mientras se sujeta al orden del mandala, de alguna manera también lleva el orden a su espíritu y pone cada cosa en su lugar. Intuitivamente, es posible que el mandala inaugure siempre, la perspectiva de lo auténticamente central de nuestra vida. Pero como la mayoría de las experiencias y todas las catástrofes se desarrollan fuera, en la periferia del mandala, y el centro de las cosas queda totalmente intacto, éste nos ayuda a colocarlas en el puesto que corresponde a cada una, y así la mirada queda en libertad para poder distinguir lo auténticamente esencial.

Para nosotros ha pasado a ser ya un postulado indiscutible que los pacientes cuya vida pasa por circunstancias problemáticas admiten mejor las terapias desde que hemos introducido esa actividad de colorear mandalas, y, además, se muestran bastante más estables. De manera que se facilita el trabajo de ambos, terapeuta y paciente, ya que éste se presenta más centrado, animado y alegre. Si prolongamos rigurosamente la idea, deberíamos aconsejar también dicha actividad al terapeuta.

Un detalle que llama la atención, y que seguramente constituye un factor importante de la terapia con mandalas, es lo mucho que la mayoría se divierte con tan sencillo trabajo, o llamémosle simplemente ocupación. Circunstancia a la que seguramente ayuda el hecho de que todas las personas, sin excepción, saben colorear mandalas; es casi imposible estropear una de estas figuras, tan redondas y de forma tan integradora. En ellas cabe todo y por eso, al final siempre se alcanza el éxito. Si tenemos en cuenta lo mucho que nuestros contemporáneos anhelan ser aceptados, lo que acabamos de decir cobra un carácter casi maravilloso. Muchos han recorrido cientos de kilómetros para acudir a nuestra consulta, que luego consiste en hablar y desahogarse: evidentemente debe hacerles mucha falta alguien que los escuche y los acepte tal como son, puesto que se muestran dispuestos a emprender largos viajes y efectuar no pequeños desembolsos para conseguirlo.

Todos se sienten aceptados enseguida en y por el mandala. Se admite cualquier ordenación de los colores originales de uno y el resultado siempre es correcto. En este sentido el mandala nos recuerda incluso el amor incondicional de Dios, que es un dato de muchas religiones. Hagamos lo que hagamos no nos saldremos de Su creación. Como tampoco podemos «caernos» del mandala, que nos captura con nuestros propios colores, y por excéntricas que sean las ocurrencias siempre nos devuelve a su círculo.

De este modo, muchos pacientes notan desde el comienzo que les sienta bien colorear esas figuras circulares. Otros necesitan un poco más de tiempo para darse cuenta de ello, pero tomado en conjunto el ámbito terapéutico sorprende que el pintar mandalas apenas suscite resistencias. Siempre y cuando deshagamos desde el principio la falsa asociación «colorear un libro es igual a pasatiempo infantil».

En cuanto los pacientes admiten la antigua idea de la regla benedictina, *ora et labora*, y asumen sin ambiciones y sin aburrirse el ritual del pintar, todas las cosas se ponen a seguir su curso y se encaminan hacia un final redondo. Están siempre en movimiento los pintores, incluso giran en círculo y siempre llegan. En el budismo la actitud ritual análoga se denomina «el obrar como símbolo». No se trata de alcanzar algo; por el contrario, para el budista importa renunciar de antemano a los supuestos frutos de tales trabajos rituales. Otra de las expresiones que describen esa actitud fundamental dice «el camino es la meta». También esta frase pone de manifiesto que no se trata de llegar a ningún lado, ni mucho menos de hacerlo a gran velocidad. De manera que tampoco importa, naturalmente, si uno termina o no el libro durante las cuatro semanas asignadas al ciclo terapéutico. O mejor dicho, se ha evidenciado ventajoso el prolongar el viaje meditativo por el mundo de los mandalas en casa, tanto tiempo como sea posible. De este manera queda introducido el símbolo en la vida después de la terapia; pues sabemos que ésta nunca termina en realidad, sino cuando se alcanza la liberación, o se encuentra en el corazón propio el reino celestial de Dios. Es obvio que ello potencia el efecto terapéutico.

Para terminar subrayemos una vez más cómo las conmociones psíquicas se integran mejor en la psicoterapia y el período ulterior con ayuda del coloreado de mandalas, sobre todo porque los contenidos no se reprimen sino que verdaderamente se recolocan de manera correcta. Compartimos esta experiencia con otras escuelas terapéuticas. En la terapia respiratoria según Stanislav Graf vemos que se recomienda con frecuencia a los pacientes que después de la sesión traten de resumir resultados pintándolos en un mandala. Se ha demostrado que ello facilita la integración de la sesión y, además, resurgen los contenidos a la conciencia en un plano diferente. Ante la necesidad de sujetarse a la circularidad perfecta del mandala, estos contenidos se reprocesan y toda la experiencia se redondea y armoniza para la persona afectada.

Esto de pintar una vivencia en el mandala guarda semejanza con la propuesta de anotar por las mañanas lo que se ha soñado durante la noche, aunque el efecto parece mucho más profundo en el primer caso. Muchos pacientes indican que las vivencias confiadas al mandala quedan más presentes; en cambio las demás recaen en el subconsciente. Una vez más hay un paralelismo con los sueños, ya que con frecuencia sólo se conservan los que se han retenido anotándolos por escrito o pintando las escenas.

Tipos de pacientes o el sentido de pintado en el mandala

Además, en base al conocimiento del paciente se controla con mucha facilidad, mediante el camino terapéutico de los mandalas. Los introvertidos que desean abrirse suelen pintar preferiblemente de dentro afuera. En la interpretación del mandala como pauta vital, ello corresponde al intervalo que va de la concepción a la mitad del camino de la vida. Es la época del crecimiento y del desarrollo. Los pacientes dispersos, faltos de concentración y los de disposición fundamentalmente extravertida, propensos a perderse en divagaciones, tienden a pintar de fuera hacia adentro. Es el camino de regreso del alma en el mandala y les ayuda a centrarse, a fijarse en lo esencial, que es acercarse al propio centro. La misma tendencia fundamental opera en otras áreas de aplicación de los mandalas, como por ejemplo la pedagogía, en la que también (y con razón) van abriéndose paso.

Lo dicho suscita algunas objeciones, naturalmente: ¿qué valor atribuiremos a un concepto tan amplio, teniendo en cuenta, además, que los mandalas no serán sino un factor entre otros varios? Sobre este punto disponemos de una serie de experiencias en que los mandalas ocuparon plano preponderante o incluso exclusivo, y se registraron resultados excelentes. En lo que se refiere a nuestra terapia de reencarnación tropezamos con el inconveniente de unas listas de espera bastante considerables. De ahí la necesidad de superar un período largo, a veces de varios meses, y generalmente difícil, hasta que se disponga de una plaza. En estos casos ha dado muy buenos resultados la excursión por el mundo de los mandalas, en ocasiones a tal punto que luego ha resultado innecesaria la psicoterapia. Algunos pacientes incluso nos lo dicen: «Doctor, me parece que ha sido lo de colorear mandalas». En realidad lo que ha ocurrido es que se han sanado a sí mismos, a modo de autoterapia como si dijéramos, que es una de las mejores formas de autoayuda y curación.

Tenemos experiencias parecidas con pacientes de nuestros programas de ayuno. A partir de un momento dado, ellos mismos se administran la cura bajo su propia responsabilidad, y no es raro que emprendan por su cuenta un programa adicional de coloreado de mandalas y meditación orientada como los que han aprendido en los cursillos correspondientes. Luego nos cuentan, muy felices, cómo han recobrado sus energías por propia iniciativa, etc., sin omitir la debida importancia a la actividad con los mandalas.

Todavía no hay confirmación científica de las observaciones de este tipo y ya hemos tenido ocasión de explicar los motivos. De todas maneras son tan numerosas que me parece lícito generalizar. Lo que hemos visto en nuestros pacientes debe ser de aplicación general. Y no debe asombrarnos, puesto que la mayoría de ellos no acuden a nosotros porque sufran ninguna enfermedad, sino movidos por un deseo de crecimiento o progreso espiritual; es decir, que aportan su propia motivación. Tenemos muchas comunicaciones de terapeutas, maestras y maestros hasta el nivel del jardín de infancia, así como otras tantas de nuestros lectores, que corroboran el efecto saludable de los mandalas, para colorear o utilizados como punto de partida en sesiones de meditación. Incluso el ocuparse teóricamente de ellos y de sus fundamentos manifiesta una eficacia salutífera y en este libro iremos viendo las numerosas razones que la justifican.

Psicoterapia en el mandala

En principio los efectos del mandala son demasiado generales como para establecer compartimentaciones sistemáticas de acuerdo con la mentalidad terapéutica usual. Puesto que lo abarca todo, tiene eficacia para todo. Pero como el humano sencillamente no puede prestar atención a todo, es posible que nosotros los médicos no nos hayamos fijado bastante en el mandala. En otras épocas la medicina clásica trataba de encontrar la panacea, palabra que significa «el curalotodo»; eran tiempos en que la humanidad vivía dentro de una concepción total del mundo. Hoy en cambio tendemos a desmontar todas las cosas en sus componentes, a analizar. Ni se busca la panacea ni se cree posible que exista, y es porque esa noción ya no tiene cabida en nuestra concepción del mundo. De ahí que el mandala no disfrute de mucho prestigio entre las mentalidades científicas.

En efecto, el mandala es un curalotodo en los territorios de lo psíquico; y puesto que en una concepción holística del mundo lo corporal está vinculado con lo anímico, aunque no como causa y efecto sino como sincronismo, bien puede decirse que colorear mandalas tiene utilidad para todo. Ahora bien, los tratamientos de uso tan general, como se diría en medicina convencional, son sospechosos por antonomasia (para el profesional convencional); en cambio tienen cada vez más aceptación en las medicinas alternativas, junto con otros recursos como el ayuno, tan recomendado por la Biblia, el Corán, los Sudras budistas y otras muchas escrituras sagradas.

Pero como vivimos en nuestra época y las cosas son como son y no pueden ser de otra manera, aquí no podremos dejar de establecer una clasificación de los efectos terapéuticos de los mandalas. El procedimiento será válido siempre y cuando tengamos presente la artificiosidad de este paso. Nunca hay que perder de vista la unidad del todo. Evidentemente va a ser posible describir cuadros clínicos para los cuales la terapia mandálica promete resultados excelentes, pero guardémonos de sacar la conclusión de que sea completamente inútil para otras sintomatologías. En principio se verifica con facilidad que la terapia mandálica es de elección para los procesos psíquicos, y no tanto para los que se han condensado ya en una expresión corporal.

Teniendo esto guardado en el trasfondo de nuestra mente comprobaremos con facilidad que con el mandala los espíritus desorientados y confusos se encuentran de nuevo a sí mismos, y ello con relativa facilidad. El caso es que son muchas las situaciones en que el alma parece perder su orientación, y diríamos más aún: parece que tales situaciones tienden a multiplicarse. A este orden de cosas pertenecen todos los trastornos que agrupamos bajo los nombres de psicosis y neurosis. Por cierto, en la interpretación freudiana, las neurosis se hallan tan extendidas que sería difícil encontrar un sujeto enteramente libre de ellas. Un conocido mío, que es profesor de una universidad alemana, me dijo una vez muy seriamente que «para ser profesor en Alemania había que ser neurótico». Yo me quedé muy sorprendido, precisamente porque hasta entonces le tenía por uno de los pocos «no-neuróticos» de entre mis conocidos, pero él lo desmintió de nuevo en términos tajantes. Claro está que si nos atenemos a la definición escolástica tendremos que incluir a casi todo el mundo. Es decir, que en vista de las dificultades de definición va a ser imposible calibrar la extensión de las neurosis en la sociedad real, lo cual nos obliga a entrar en soluciones de compromiso como la siguiente: aceptemos, al menos con carácter provisional, que en las modernas sociedades industriales casi todas las personas presentan algún que otro rasgo de carácter neurótico. Así que todos son candidatos a una terapia por medio de los mandalas.

El filósofo Hans Blüher ha definido la neurosis como un ritual fallido. Desde luego, en la neurosis obsesiva este rasgo de la acción fallida resalta con mucha claridad: cuando alguien se lava las manos un centenar de veces al día, es difícil no interpretar ese rito como un intento (fallido) de purificarse a sí mismo. Esa persona tiene conciencia de haberse contaminado (tal vez manchado las manos de sangre), y aunque se llague la piel de tanto lavarse, en el plano psíquico su sentido de la realidad no lo pone en evidencia. La solución, o la liberación, consistirá obviamente en proponerle un ritual sustitutivo y que funcione.

A decir verdad podríamos considerar que la mera existencia de la neurosis es una prueba del predominio de lo psíquico sobre lo corporal. Y también nos permite entender que los camaranchones del alma contienen departamentos mucho más importantes, y sobre todo más poderosos que nuestro tan sobrevalorado intelecto. A una anoréxica fácilmente se le puede hacer entender, en el plano lógico, que debe aumentar de peso si quiere salvar la salud corporal; ella tiene una pauta (neurótica) de vida que no se lo va a consentir, y que interpondrá su veto la próxima vez que se siente a comer. También los drogodependientes conocen este dilema: racionalmente tienen decidido dejarlo, pero dentro de ellos actúan fuerzas más poderosas que no se lo permiten.

Otra definición de las neurosis, incluso generalizable a algunas psicosis, postula un error cronológico. Desde el punto de vista de la reencarnación es muy posible que la conducta neurótica sea una conducta normal, pero fuera de momento y de situación vital. Si consideramos que el mandala tiende a centrarnos y, por tanto, nos devuelve al momento del aquí y ahora, la definición nos proporciona al mismo tiempo una explicación obvia de los favorables efectos de la terapia mandálica en los procesos neuróticos. Este tipo de terapia ocupacional, bien consista en colorear o en meditar, aporta concentración interior. Lo que en las personas popularmente calificadas de «despistadas» se mueve todavía dentro de la escala tolerable, en el neurótico acarrea un sufrimiento muy real. Para ambas situaciones, supone un alivio y remedio el centrarse y el acercarse al propio centro que inicia el trabajo con los mandalas. El lenguaje popular dice que el distraído es el que no sabe poner orden en sus ideas. Pues bien, precisamente eso es lo que facilita la ocupación con el mandala.

También se obtienen útiles efectos auxiliares de la psicoterapia en los casos del llamado síndrome o trastorno de personalidad múltiple. Mediante una ocupación intensa con los mandalas y su efecto centrador, los pacientes parecen concentrarse con más facilidad, es decir, fijarse en la parte central de su personalidad desintegrada en diversos aspectos aislados. En esta situación angustiosa el paciente literalmente «no está», porque algunas partes de su alma son prisioneras de otro tiempo y lugar. En esto la mejora de la orientación que proporciona el mandala puede serles muy útil.

Incluso en los casos más extremos de fractura de la personalidad, o esquizofrenia según la terminología tradicional, si se consigue que el paciente admita la ocupación con los mandalas pueden alcanzarse efectos auxiliares muy favorables para el tratamiento. En el habla popular a estos pacientes los llaman «locos», y se trata en efecto de personalidades «dislocadas», es decir, víctimas de desorientación temporal e incluso espacial muchas veces. En consecuencia, puede tener sentido la idea de ayudarlos a ordenar las cuestiones básicas de su vida y establecer un sistema de coordenadas temporales y espaciales para que ellos se reorienten. Se trata de gentes que viven en otro mundo, el cual, supuesta la empatía suficiente, se reconoce como un mundo propio de cada uno de ellos. El mandala puede ayudar a situar cada cosa de nuevo en su lugar. Cuando el paciente aún no ha cortado todos los puentes con el mundo exterior, a veces aquél constituye el único medio para conseguir que vuelva a admitir tratamiento. Con lo cual hacemos un retorno a los orígenes de la psiquiatría mucho menos atípico de lo que pudiera parecer.

También ha dado buenos resultados la terapia mandálica en el caso de los ciclotímicos o síndrome maníaco-depresivo, que hoy se prefiere llamar trastorno bipolar. En efecto el estado de ánimo de los pacientes parece oscilar entre dos polos: buen humor e hiperactividad durante algunas temporadas, y tristeza profunda y obsesiones suicidas en otras. Ni que decir tiene que estos pacientes han perdido el centro. Por tanto, cualquier cosa que los devuelva a su propio centro puede serles beneficiosa. Y mientras, por desgracia, los psicofármacos actuales sólo actúan sobre los dos extremos de la oscilación, en cambio los mandalas aportan la referencia al centro, tanto concretamente como en sentido figurado. El paciente puede colorearlos trabajando de fuera adentro, para aproximarse así, poco a poco, al centro y a lo esencial. O puede tratar de dar forma a una vasija redonda en el torno de alfarero, da lo mismo: siempre se trata de referirse a un centro. En el trabajo convencional de alfarería la vasija es un mandala constante en cada momento y en cada fase de la actividad; mandala a mandala va creciendo, y cada anillo de barro debe superponerse a los demás e integrarse con ellos. Conviene ritualizar esta actividad, a fin de destacar la vibración continua de ese simbolismo de centro y mandálico. Con un torno que gira, la referencia a un centro es incluso más patente. El mandala gira a gran velocidad y si uno se distrae aunque sólo sea un instante la pella de barro saldrá disparada. Sin embargo, para algunos pacientes esta variante del «trabajo con mandalas» plantea una exigencia demasiado fuerte, lo que desde luego no ocurrirá si se limitan a colorear libros.

Quizá la definición más amplia de neurosis es la que dice que son personas que han perdido de vista su camino. Si atendemos a ese criterio la terapia mandálica se recomienda también, ya que el mandala es el modelo arquetípico del camino de la vida. Es un tema que merece capítulo propio en este libro y daremos ejemplos apropiados de mandalas. El que ha perdido de vista su camino puede volver a encontrarlo en el mandala, aunque no estamos en condiciones de explicar lógicamente esa relación. Determinados mandalas, como los laberintos que exponíamos en el volumen de *Mandalas*, refieren expresamente al recorrido del laberinto de la vida y jugando, jugando, pueden ayudar a reencontrar el proverbial hilo rojo.

En los procesos neuróticos e incluso en los psicóticos, cuando se ha perdido la orientación y la concentración con respecto al propio centro así como el sentido de lo esencial de la vida, es natural que se coloreen los mandalas de fuera adentro, o que se incite a hacerlo. En la consideración contemplativa o meditativa la mirada se dirige por sí misma al centro. Con éste la analogía lleva automáticamente a situar la atención en el centro propio que se intenta volver a encontrar. Como casi todos los trastornos psíquicos catalogados en relación con la teoría psicoanalítica de las neurosis o según el protocolo psiquiátrico guardan relación con la pérdida del centro y la desorientación, en principio estaría indicado el empleo masivo de los mandalas, sobre todo teniendo en cuenta la crónica falta de presupuesto para este sector de la sanidad (con la consiguiente imposibilidad de introducir las mejoras que serían necesarias). Precisamente la terapia mandálica sería sumamente económica, casi gratis podríamos decir, siendo éste uno de los casos en que gratuito no es sinónimo de inútil. También el gasto añadido de personal sería prácticamente nulo, porque la terapia mandálica siempre es autoterapia.

Que sectores cada vez más amplios de la población puedan acceder al trabajo con los mandalas, en el sentido que venimos apuntando, podría tomarse intuitivamente como una profilaxis, sobre todo en vista de la frecuencia cada vez mayor de los problemas psíquicos. Por desgracia es difícil demostrar objetivamente la eficacia de unas medidas preventivas; es por eso que apenas las apreciamos e incluso han desaparecido casi por completo del horizonte de la medicina convencional, que ha llegado a confundir casi sistemáticamente profilaxis con diagnóstico precoz. En nuestra sociedad se aprecia y se paga mucho más a un cirujano que a un higienista, aunque éste pueda hacer innecesarias muchas proezas quirúrgicas. Lástima que no sepamos con exactitud cuántas y cuáles.

En todas las crisis ligadas a transiciones vitales, de las que nos ocuparemos luego por medio de mandalas especiales, nuestro centro terapéutico ha obtenido excelentes resultados con procedimientos de coloreado y meditación. Cuando una persona no consigue superar el impedimento de un período de transición, el mandala puede comunicarle de manera no intelectual que es menester continuar, pero sin presionarla demasiado, y dándole a entender que está ubicada en la gran pauta de la totalidad. Colorear en el sentido que corresponda tiene un dinamismo propio que ofrece la revelación consoladora de la «inevitabilidad» de esa pauta vital; en efecto las personas que llevan algún tiempo coloreando mandalas acaban por comprender intuitivamente que la pauta está predeterminada y que no podemos sino asumirla, pero no cambiarla. Se reduce así la resistencia frente al necesario proceso de transición conforme vamos girando alrededor del centro, y éste nos comunica la noción de su necesidad. Gracias a la extraordinaria difusión de mi libro *Las crisis vitales como oportunidades de crecimiento*, hemos tenido ocasión de ver en muchas sesiones terapéuticas y seminarios cómo el trabajo con el mandala comunica tanto la buena disposición para continuar como las energías indispensables para dar los pasos necesarios.

En especial el mandala se nos antoja un instrumento maravilloso para conciliarnos con el carácter finito de la vida física. La muerte, entre nosotros el asunto tabú por excelencia, aparece entonces como el punto *central* del mandala vital y su aspecto de liberación-solución pasa a primer término reemplazando a los terrores habituales. En último término, el enorme aumento de las depresiones se debe a la represión de ese tema central en el plano colectivo. Por analogía con las nociones de «la enfermedad como símbolo», la cuestión de la muerte cae en el plano de los temas sin resolver porque no queremos ocuparnos de ella conscientemente. De hecho los individuos depresivos piensan mucho en la muerte propia, pero se la representan bajo las especies de la obsesión suicida. En vez de atormentarnos con el problema «soga o bala, gas o veneno», evidentemente sería más útil una reflexión de tipo religioso y/o filosófico que nos reconciliase con el tema. En las culturas donde ello es algo habitual, como la tibetana, prácticamente no existen las depresiones, tan corrientes entre nosotros. Por el contrario, en los países desarrollados la probabilidad de padecer una depresión es doble para los nacidos después de 1958, en comparación con nuestros antecesores.

Por su simbolismo el centro del mandala es tan determinante que apenas nadie, hombre o mujer que pinte la figura, dejaría de colorearlo retrocediendo ante la transición vital que significa. Incluso la ocupación pictórica inconsciente con esa meta de la vida basta para producir una reducción de la angustia. Es que el mandala nos enfrenta a la finitud de nuestra existencia, y ello de una manera que aún podemos soportar. Cuando nos ocupemos de este asunto habrá que colorear los mandalas de fuera hacia adentro, con el objeto de resaltar que todo confluye, sin alternativa posible, hacia el punto en donde todo se resuelve y libera.

También sirve de ayuda el mandala en las crisis «en medio del camino de la vida», que son causa frecuente de las depresiones. En el mandala esta circunstancia, la mitad del camino de la vida, se materializa como círculo exterior, o periferia. En el coloreado y también durante la meditación percibimos este tránsito de la manera no-intelectual característica del trabajo con los mandalas, y queda de manifiesto su carácter de fase necesaria e insustituible de la pauta y de la vida. En este género de crisis se aconsejaría colorear de dentro hacia afuera, de manera que captemos el tema de lo definitivo de esa delimitación vital, desembocando en la certeza de que no hay alternativa: hay que invertir el camino y emprender el retorno. Una vez aceptado éste en tanto que tal, es inmediata la idea de colorear de fuera hacia adentro, que viene a ser como un recorrido de regreso simbólico.

Por consiguiente, para obtener el efecto óptimo en relación con las crisis vitales, y con carácter general, recomendaremos pintar en la misma dirección que el sujeto está emprendiendo su existencia. En todas las crisis de los grandes tránsitos el mandala suministra una ayuda útil y notable, aunque apenas explicable en términos intelectuales. Nos referimos entre otras a las crisis de la pareja o las de la vida profesional, y más especialmente a las espirituales. Si tenemos en cuenta que los mandalas favorecen la concentración interior y dirigen nuestra mirada hacia lo esencial, lo central, lo que constituye el núcleo de la vida, tal vez entenderemos mejor su eficacia, porque ese centro es justamente lo que nos arriesgamos a perder, al menos temporalmente, durante la crisis. En este sentido los mandalas ayudarán a abreviarla.

Sintomatologías somáticas y terapia mandálica

Como después de veinte años de ejercicio de la medicina psicosomática no me cabe ningún tipo de duda en cuanto a la constante interacción entre lo corporal y lo psíquico, para mí todas las patologías son, o bien psicosomáticas, o bien referidas exclusivamente al espíritu, de acuerdo con la terminología popular de «enfermedades mentales». En este sentido los síntomas comúnmente llamados corporales ocultan los temas psíquicos correspondientes como ya he descrito en mi libro *La enfermedad como símbolo* (Robinbook, 2001). Otra consecuencia evidente es que considero siempre útil el trabajo con los mandalas, aunque tal vez no sean siempre el remedio de elección como lo son en el caso de los cuadros primordialmente psíquicos.

Tomemos por ejemplo las patologías profundamente somatizadas, como lo son los diversos tipos de cáncer. La relación con la pérdida del camino de la propia vida es tan evidente desde el punto de vista de la interpretación, que resulta indicada la terapia mandálica incluso en el plano inmediato. A los pacientes de cáncer su patología les urge con más claridad y más énfasis que a otros la misión de realizarse a sí mismos. Deberían aprender a tomar su camino y no pasar más de largo, prisioneros de consideraciones y prudencias extemporáneas. El concepto de normopatía acuñado por Wolf Büntig subraya el aspecto negativo de esa pauta psíquica, tan normal y tan adaptada que acaba comprometiendo la propia vida del sujeto. Para el paciente de cáncer lo totalmente decisivo es llevar su vida como ellos determinen, tender a su propio estilo de autorrealización y abordarlo con valor. El mandala mejor que ninguna otra cosa les enseña de manera totalmente no-intelectual a distinguir entre las pautas arquetípicas predeterminadas y las posibilidades de configuración individual.

Todos los caminos discurren, pasando por determinadas etapas (arque)típicas, hacia la muerte, en fin de cuentas, pero todos son distintos e individuales. El intento de cambiar lo primero sería absurdo y acaba por conducir a la desesperación. Como también ocurriría si se desaprovechara la posibilidad del recorrido individual. Como los mandalas pueden ayudar, a su manera fácil y lúdica, a distinguir con más claridad y, en general, a profundizar nuestra relación con el camino de la propia vida, los consideramos una terapia auxiliar irrenunciable para el tratamiento del cáncer.

Sosegarse, centrarse, e incluso aunque sólo fuese distraerse superficialmente, puede ser recomendable ante otras muchas patologías de diversos tipos. En estos casos el mandala, aunque corrientemente infravalorado, se utiliza de una manera más natural. Por leve que sea la justificación para emplearlos, y aunque nos pongamos a colorear «sólo» por pasar el rato, ellos siempre actúan con sus múltiples posibilidades, con toda esa fuerza que a veces se nos antoja mágica.

Control de la energía mediante el trabajo con mandalas

Carecemos también de una explicación científica para este otro aspecto de la eficacia de los mandalas, pero todo indica que utilizados terapéuticamente tienden a armonizar el flujo de las energías. En tanto que figura dotada de simetría por rotación, como habría que decir desde el punto de vista geométrico, el mandala irradia la armonía en su forma más perfecta. No sabemos cómo se transmite ésta al que pinta o medita, pero podemos experimentarlo. En las sociedades que todavía viven conscientemente con sus mandalas y a las que nosotros, erróneamente, llamamos primitivas, ellos sí lo saben. La curandera o el hombre-medicina toman un poco del mandala hecho con mucha perseverancia (¿energía?) y arenas de colores u otras sustancias naturales, y lo depositan sobre el individuo a sanar. De este modo se transmite al enfermo el mandala así como la energía y la armonía que representa. Superstición mágica dirán algunos, pero muchas veces sorprendentemente más eficaz que nuestros tranquilizantes, que sólo bloquean y nunca ponen nada en orden.

Por el camino del psiquismo se explica mejor cómo opera esa transmisión del orden emitido por el mandala. Los circuitos energéticos de la persona que ha conquistado el equilibrio psíquico, digamos por medio de un ritual, presentan un conjunto armónico. Científicamente no se puede dudar de esto, vistos los resultados obtenidos por la psiconeuroinmunología. Por ejemplo, que las variaciones de los estados de ánimo humanos modifican el hemograma. En cuanto a los estupendos y asombros resultados de la terapia mandálica, sin duda tienen mucho que ver con el carácter ritual que la origina.

Si consideramos los sistemas sutiles de la energía conocidos por algunas culturas antiguas como la india, la china o la tibetana desde hace miles de años, y que nuestra medicina empieza a admitir ahora por la vía de la electroacupuntura y la termografía, también podríamos intuir la relación de éstos con los mandalas. Pero como en realidad nosotros, los occidentales, todavía no sabemos qué es lo que ocurre en esos meridianos, nadis o como quiera que los llamen, todo cuanto pudiéramos decir sobre la acción mutua entre estas vibraciones y el mandala no pasaría de ser pura especulación. Se intuye que los chakras tienen figura de mandalas, esos puntos nodales de la energía en el organismo cuya importancia los hindúes vienen reconociendo desde siempre. Al menos así los describen todos los sensitivos que dicen ser capaces de percibirlos. La ley de la resonancia podría explicar entonces cómo al ocuparnos de los mandalas, por ejemplo coloreándolos, logramos activar en sentido positivo esos centros de nuestra energía. Más adelante nos ocuparemos prácticamente de los chakras en un capítulo especial.

En cuanto la acupuntura, como en último término tiende a restablecer el equilibrio energético en los meridianos, el coloreado de mandalas puede ser un complemento ideal para esa escuela terapéutica, como los son para todos los tratamientos de ordenación. Una vez restablecido el orden en el plano psíquico, bien pudiera ocurrir que resultase favorecido el orden de los planos sutiles y la acción llegase incluso al nivel inferior de lo corporal y material.

Captación de las fuentes interiores de energía mediante los mandalas

Otro fenómeno curioso y que de momento sólo podemos interpretar por analogía es la experiencia de cómo los mandalas transmiten efectivamente fuerza y energía. Esto resulta casi inexplicable para la persona de mentalidad materialista. Pero si uno se acerca en la práctica al secreto del centro mandálico, por lo general tendrá la vivencia directa. Todo sucede como si existiera una especie de «energía nuclear» que descansa en el centro de todas las cosas. Y el que logre acceder a ella desde luego aún no la entenderá intelectualmente, pero comprobará sus efectos y los sentirá en su propio organismo.

Tomando la analogía de lo que sucede en el mundo de lo material, vemos que en efecto la fuerza eficaz reside en el centro de las cosas. El que descansa en un propio centro no puede ser derribado por una fuerza externa aunque sea muy superior, como nos demuestran de forma impresionante las artes marciales de Oriente. En el centro del átomo está la fuerza física más intensa: eso ya es casi una perogrullada. Como los mandalas pueden ponernos en relación con nuestro centro, por lo visto hacen posible el acceso a la energía nuclear que reside en él, llamada también energía central o *core energy* por los terapeutas de la Gestalt. Y aunque como físicos sepamos mucho de esas tremendas fuerzas que contiene el núcleo del átomo, en lo que se refiere a la energía nuclear de nuestra psiquis todavía seguimos en la ignorancia. Pero con ayuda de los mandalas conseguimos disfrutarla alguna que otra vez.

Hay muchos indicios de que el mandala, en razón de su forma nada más y de la atención que presta a ella el que medita (y muchas veces incluso el que colorea), origina una especie de trance. Dicho estado suele alcanzarse en la meditación sobre mandalas como el de la página 210, procedente de la teoría matemática del caos, que acentúan especialmente el centro como sumidero. Esta atracción del centro concentra a su vez la atención y así el rayo de la conciencia cobra más nitidez, lo mismo que la lupa concentra los rayos de luz en el punto focal. En ese centro donde todo converge empiezan a actuar fuerzas insospechadas, y empiezan a ser posibles cosas que no lo serían para una conciencia dispersa. Tal vez tenemos ahí uno de los secretos del trance curativo de los sanadores. En las sociedades arcaicas mal llamadas primitivas por nosotros, el ritual de sanación se celebra por lo general en estado de trance. A lo que parece, la conciencia así concentrada tiende a excitar los procesos de curación en el punto exacto y con una potencia asombrosa. Otro aspecto a tener en cuenta para una posible explicación es que cuando se consigue desconectar la conciencia intelectual se movilizan las fuerzas interiores de autocuración. Esto lo indican muchas experiencia psicoterapéuticas y de la medicina naturista. El trance pone en marcha la (justificada) esperanza de que el «médico interior» sabrá ayudarse a sí mismo.

Un repliegue lento de la intelectualidad, casi imperceptible, y, por tanto, nada inquietante, puede explicar quizás el misterio del éxito de los mandalas en la escena espiritual durante los últimos diez años. En nuestras sociedades industrializadas el intelecto ha alcanzado tal prepotencia, que las personas conscientes aceptan ahora con gratitud cualquier ocasión para alejarse un poco de tan inflexible dictador.

Colorear mandalas como terapia lúdica

Por desgracia no estamos acostumbrados todavía a la idea de que una terapia pueda ser fácil como un juego, y hasta divertida. En este sentido considero muy típico que mi libro *Mandalas*, en principio concebido como recurso terapéutico auxiliar, lanzase la moda de los mandalas pero no entre los terapeutas sino en el mundo de la espiritualidad alternativa. Por eso podríamos decir que el volumen presente es un segundo intento de acreditar un manual terapéutico, aunque no digo que no me alegre la buena acogida del primero entre el público interesado por los temas espirituales. Quizá sea ésta lo más importante, pues ahí es donde puede intervenir el mandala como preventivo y como precursor que inaugura un nuevo camino.

Sin embargo, en tanto que médico, no puedo pasar por alto las cualidades curativas de los mandalas, ni prescindir de la idea de utilizarlos como terapia complementaria. Aunque sólo fuese por la sencillez del método, que casi podríamos calificar de genial; pero es que, además, es divertido y placentero. La alegría de vivir y la diversión figuran quizá entre las formas terapéuticas peor estudiadas hoy día. Salvo algunos comienzos incipientes como la «terapia de la risa» que observamos en algunas clínicas infantiles. Consiste, sencillamente, en un *clown* que va recorriendo las distintas unidades y consigue, no sólo que los niños enfermos se distraigan y piensen en otras cosas, sino un positivo mejoramiento de su estado gracias a ese rato de alegría. Pero, aunque pueda ser magnífica para los niños pequeños y los no tan pequeños, la terapia del *clown* es costosa. En una época que procura economizar en todo, sobre todo si no se concreta en forma de inmovilización material, esa clase de gastos figura siempre entre los primeros que se suprimen. Por otra parte, el adulto corriente de nuestra sociedad de excelencia no olvida tan fácilmente sus tribulaciones para refrescar el corazón soltando de buena gana una carcajada, o sería preciso llamar a unos payasos muy graciosos. Últimamente existe incluso algo así como una ciencia de la risa (son investigaciones serias, por supuesto), y sus resultados son, como cabría esperar, bastante prometedores. Aunque a lo mejor no hacían falta tantas alforjas para averiguar lo que siempre ha sabido el pueblo, es decir, que reír es sano, que refresca el corazón, que rejuvenece, etc.

Otra cosa que nos recuerda el habla popular es que «redondo» es sinónimo de bien acabado, y «orondo» es el individuo satisfecho y en último término, sano. Después del redescubrimiento de los mandalas en nuestras latitudes ya no nos vemos confinados a la redondez física. Lo redondo es sano y alegre. Y la alegría de vivir es algo tan natural, que brota de las pautas vitales, casi podríamos decir, de un modo espontáneo. Basta con mentalizarse. Y el mandala puede ser quizá la manera más sencilla de conseguirlo ritualmente. Los enfermos casi siempre padecen una merma de su alegría de vivir y si fuese posible administrársela en forma de infusión, sin duda que lo haríamos. Pero como eso, por desgracia, no es posible, al menos los terapeutas podríamos facilitar que los pacientes la recuperen ellos solos coloreando figuras circulares y meditando sobre el centro del mandala, totalmente homólogo del centro propio.

Podría ubicarse el coloreado de mandalas en el terreno de las terapias artísticas con bastante naturalidad, me parece. Aunque el problema con los artistas suele ser que no les gusta someterse a estructuras predeterminadas, y valoran la creatividad por encima de todo. Desde luego es importante, pero el dibujo de creación libre no alcanza ni con mucho, en lo tocante a su eficacia curativa, los resultados que el coloreado de mandalas en la mayoría de los casos. Por supuesto el arte es un camino maravilloso pero el mandala, según parece, toca aspectos mucho más centrales de la persona, y no sólo para los pacientes, los niños de guardería y los alumnos de las escuelas.

Los mandalas como camino de perfección

El mandala tiende a confrontarnos con la perfección y tengo para mí que eso es más importante que la concentración, que el influjo de energía, que los mejores resultados terapéuticos y didácticos. Todo mandala es perfecto en y representa lo perfecto. Y como hoy día, ni la filosofía ni la religión se ocupan suficientemente de ese objetivo final de toda evolución humana, el mandala viene muy a punto para establecer una magnífica compensación. Lo confesemos o no, cuando pintamos mandalas estamos en el camino de la perfección, que es el factor motivador consciente o no. Añádase a esto que el ocuparnos de la perfección nos aproxima a ella, al menos como tendencia. El padre de la psicología humanista, Abraham Maslow, fue el primero en señalar que las experiencias unitarias ejercen una especie de efecto magnético y llaman a otras experiencias unitarias. Cuanto más piensa el humano en experiencias-cumbre, más frecuentemente las vivirá. Pero el mandala nos pone constantemente en contacto con la unidad, y viene a corroborar de manera práctica las conclusiones teóricas de Maslow.

La vinculación entre el camino espiritual y la intención curativa de la medicina proviene de su objetivo común, que es la perfección. En principio la medicina, como la meditación, pretendía devolver las personas a su punto medio, como nos lo demuestra la raíz común de ambas palabras aunque no se vea mucho de eso en la medicina contemporánea. Pero también la salud completa de cuerpo, alma y espíritu, que sigue siendo la finalidad teórica de la medicina convencional, significa plenitud en último término, estar sano, estar entero. Realización, liberación, iluminación, son palabras diferentes pero remiten a un mismo estado.

El mandala es imagen y símbolo de la perfección y podría servir para que la medicina recuperase, al menos en parte, sus antiguos designios. En las personas que se ocupan con él revitaliza muy visiblemente el anhelo de autorrealización y de perfección. De ahí que suscite reacciones diferentes con arreglo a las distintas situaciones. Bajo su influencia la persona afectada tiende a la sanación, a integrar lo que le hace falta para la perfección. En la pubertad, cuando falta decisión para acometer determinados pasos necesarios, centrará nuestras fuerzas sobre ese objetivo. Al depresivo, que padece una falta de conciliación con la idea de la muerte, le facilita esa conciliación, tal vez porque atrae su inconsciente hacia el centro del mandala. Como éste lo contiene todo, cada uno encuentra en él su tema y aprende a incluirlo en el contexto general de su existencia, por vías que hasta hoy no somos capaces de explicar. Todo el que pinta mandalas emprende un camino, aunque naturalmente unos se hallan más adelantados que otros y las experiencias que se viven siempre son individuales.

En casi todas las culturas, los que están en la búsqueda del camino espiritual siempre han utilizado los mandalas, y en parte siguen haciéndolo todavía hoy. Lo cual debería bastar como prueba de sus cualidades. La tradición tibetana, y la medicina que le corresponde, existen desde hace miles de años y puede demostrarse que han variado muy poco. Nuestra medicina occidental no puede ufanarse de nada parecido. Si yo hoy recetase los fármacos que en la época de mi licenciatura se consideraban la última palabra de la ciencia médica, me expondría a perder mi licencia. Pues bien, una disciplina que produce resultados tan poco duraderos tendría motivos sobrados para mirar con más respeto a quienes han conservado durante siglos un saber que cumple lo que promete. Y si lo hiciese, se tropezaría indudablemente con los mandalas.

Rituales mandálicos

El trabajo en y con el mandala, cuanto más se ritualiza mejor para el efecto terapéutico. Nos saldríamos de los límites de este libro si quisiéramos desarrollar aquí en toda su extensión el tema de los ritos, por lo cual remito al lector interesado a mi libro *Las etapas críticas de la vida*. He aquí un breve resumen de sus conclusiones, con el fin de hacer posible que cada uno cargue óptimamente el ritual preferido desde el punto de vista energético, a fin de conferirle máxima eficacia:

1. Esencialmente los rituales requieren una ejecución consciente, por eso suele ser recomendable celebrarlos a solas, o en silencio.
2. El efecto del ritual se transmite, esencialmente, a través de una pauta vibracional. De ahí que sea aconsejable crear condiciones propicias que faciliten la resonancia.
   Estancia vibracionalmente purificada, por consiguiente.
   También se recomienda la elección de una música que predisponga adecuadamente —cantos mántricos, por ejemplo—, de aromas que favorezcan la resonancia, de una iluminación idónea y, en general, de un ambiente adecuado.
3. Es útil todo cuando contribuya al efecto centrador del mandala convergiendo hacia el ritual. Cuanto más concéntrico el ritual mayor su eficacia psíquica.
4. El ritual debe ser algo valorado por el oficiante; si no lo es de entrada, cabe revestirlo de trascendencia como hacen los novios cuando confieren solemnidad al ritual de la boda incurriendo en grandes gastos de indumentaria y otros. Un pequeño comienzo puede consistir en atesorar este libro como pertenencia personal, y utilizarlo con atención y cariño en nuestro camino hacia el centro.

5. Si el mandala debe servir para alguna ocasión importante, elegiremos con cuidado la localización del ritual y la calidad del momento, con independencia de que el mandala por sí mismo influye sobre la calidad del instante y el lugar. Por algo los templos suelen construirse en figura de mandalas y sobre terrenos planos en forma mandálica.
6. Favorecerá la profundidad del rito una cierta concentración previa de tipo meditativo.
7. La mejor actitud de base para colorear es la de tipo contemplativo. Aquí no se trata de sacar ningún rendimiento ni eficiencia. Hay que reservar, eso sí, un tiempo suficiente. Vamos a tener una vivencia profunda.

Aplicaciones y experiencias de orden pedagógico

En última instancia los usos pedagógicos no se diferencian de los terapéuticos. Los efectos salutíferos que observados por los maestros les indujeron a enseñar el coloreado de mandalas a sus alumnos eran totalmente análogos a los introducidos en la aplicación terapéutica. Posiblemente la vivencia pedagógica clave fue notar que los niños, al colorear espontáneamente como suelen, de dentro afuera, se sosiegan y adquieren la tendencia a fijarse más en sus actividades o trabajos. En efecto la tranquilidad es un tema capital de toda enseñanza, y las medidas externas de disciplina nunca consiguen implantarla sino con dificultad y nunca en grado satisfactorio.

En el trabajo con los mandalas, se añade a esto, que el silencio resultante tiene profundas raíces. Hemos podido observar (en pacientes adultos, claro está) que la tensión baja un poco y la frecuencia respiratoria se aquieta notablemente mientras los pintores se hallan abstraídos en la actividad. Son síntomas de una considerable relajación corporal. Las personas capaces de desentenderse de lo que las rodea exteriormente pueden alcanzar un estado de tranquilidad profunda; es evidente que se cae en una especie de trance producido por la forma del mandala con el sumidero central. En los grupos de meditación se llega a observar cierta coordinación de las frecuencias cardíacas, supuesto que todos mediten profundamente sobre el mismo mandala. De ello resulta una sensación agradable de inmersión en el grupo y su ambiente. De ahí, tal vez, la creciente popularidad de los mandalas en los jardines de infancia y las escuelas elementales. En todo caso, desde hace años venimos recogiendo impresiones de maestros y maestras, donde llaman la atención los de las escuelas especiales que nos hablan de los maravillosos efectos de los más sencillos ejercicios mandálicos, y nos solicitan información acerca de cómo se producen.

En la enseñanza especial y sobre todo en las minusvalías graves, el mandala presenta esa ventaja añadida: basta con ser capaz de sujetar un lápiz para obtener los más hermosos resultados. La redondez perfecta del mandala absorbe sin problemas todas las dificultades. Y así como concilia elementos rebeldes de la personalidad, también los trazos dispersos acaban por confluir en un todo redondo. A los alumnos llamados difíciles se les proporciona una ocasión de desahogarse de una manera que no suscitará las protestas de nadie. Incluso se han observado mejorías en criaturas con trastornos leves de la motricidad.

Algunos maestros llegan hasta el punto de poner a los niños a colorear mandalas antes de los trabajos difíciles de clase o las evaluaciones, para tranquilizarlos y mejorar su capacidad de atención y concentración. Dicen que los efectos son impresionantes y no sólo en cuanto a ambiente de trabajo durante las pruebas, sino, además, en términos de mejora de los resultados. Algunos pedagogos invitan a pintar un mandala en la página enfrentada a la que contiene un problema de cálculo. Sabemos que el orden es un factor esencial de las matemáticas, y que favorece al aprendizaje de éstas todo lo que desarrolla el sentido del orden. Si bien es verdad que éste interviene en todo, y hasta una redacción mejora cuando el alumno tiene ordenado su fuero interno. Se quiere intervenir en este sentido incluso a nivel del jardín de infancia, donde también es un tema debatido el desarrollo del sentido del orden; y si bien es cierto que la tradición pedagógica alemana ha desarrollado gran número de procedimientos a tal efecto, no es menos cierto que la mayoría de ellos resultan aburridísimos. Eso es quizá lo mejor de las actividades pedagógicas basadas en los mandalas, que son entretenidas.

Si consideramos que la misión principal de la pedagogía, al margen y además de comunicar el saber, es contribuir a la formación de personalidades redondeadas y firmes, a la capacitación para el camino de la vida, podríamos sospechar que aún no hemos aprendido a valorar los mandalas suficientemente en ese orden de cosas.

Resumen de las oportunidades que se ofrecen

Los mandalas permiten:

- Aprender a resolver los límites, aceptando los que sean inevitables, y configurando libremente el espacio intermedio.
- Recogerse en sí mismo y sosegarse, hallar la tranquilidad en uno mismo.
- Centrarse y concentrarse, con simultánea relajación.
- Orientarse en relación con las pautas vitales.
- Integrar mejor las vivencias.
- Aprender a entrar en resonancia con una pauta.
- Vivencias cumbre en el sentido de experiencias únicas.
- Desarrollar una personalidad redondeada.
- Sacar fuerzas de nuestro propio centro.

El mandala como pauta fundamental de la creación o el viaje del microcosmos al macrocosmos

Incluso un materialista admitirá sin mayor dificultad que el mandala es la pauta o el símbolo más importante de nuestro mundo, ya que en el universo material todo está hecho de mandalas, que son los átomos, y ello con independencia de si elegimos el modelo atómico de Niels Bohr o el más reciente, el de la física cuántica: ambos nos describen la danza vibrante de los electrones (o de las nubes de electrones) alrededor del núcleo atómico inmóvil. Así hemos entrado en las profundidades del microcosmos, el mundo de lo más pequeño, y no encontramos sino mandalas. Pero es que, además, todos los indicios sugieren que también lo son las partículas elementales identificadas por la física contemporánea, los neutrones y los protones del núcleo, los electrones de la envoltura, e incluso los quarks, componentes a su vez de los protones.

El baile de la energía alrededor del centro atómico viene a constituir en gran parte un baile en el vacío, porque el núcleo del átomo pese a ser tan diminuto está formado en su mayor parte por espacio vacío. Si pudiéramos ampliar un átomo hasta el tamaño de la basílica de San Pedro, la más grande de la cristiandad, el núcleo apenas alcanzaría el de un grano de arena. Y, sin embargo, todo gira a su alrededor.

Lástima que a estas fechas todavía no sea posible fotografiar el átomo, por excesivamente pequeño, aunque la física moderna tiene recursos para visualizarlo. Su presencia se detecta con los rayos X. Éstos, concentrados sobre la punta de una aguja de platino, sufren la refracción y se obtiene un diagrama como el de la página opuesta, un campo lleno de mandalas. El ojo humano aún no puede profundizar más en el microcosmos.

Mandala del campo atómico.

Microcosmos = Macrocosmos

En el camino entre lo más pequeño que podemos captar hoy y lo más grande, la nebulosa espiritual que es nuestra galaxia o Vía Láctea, hallaremos incontables mandalas en todos los planos. El recorrido a través de nuestra creación es un camino a través de la naturaleza que nos rodea, y de la cual formamos parte.

Ahora, cuando nos movemos a través de la creación pintando y meditando, nuestro objetivo ha de ser la reconciliación con esa pauta universal y de paso, tal vez sin darnos cuenta, entrar mejor en esa creación y convivir mejor con ella. Puesto que hallamos la misma pauta en todas partes, dentro y fuera de nosotros, superaremos el miedo a lo desconocido y aprenderemos a confiar en el mundo.

La creación natural nos conduce como un árbol. De una parte, el tronco poderoso que recorremos al pasar de lo más pequeño, el campo atómico que ya hemos visto representado, a lo más grande que nuestro entendimiento puede concebir, la nebulosa espiral. Durante ese recorrido seguiremos algunas ramas y profundizaremos, según convenga, en algunos planos intermedios. En uno de éstos encontraremos al ser humano, tendido entre macrocosmos y microcosmos. Él a su vez es una especie de pequeño universo, pero cuando profundizamos hallamos que cobra dimensiones gigantescas.

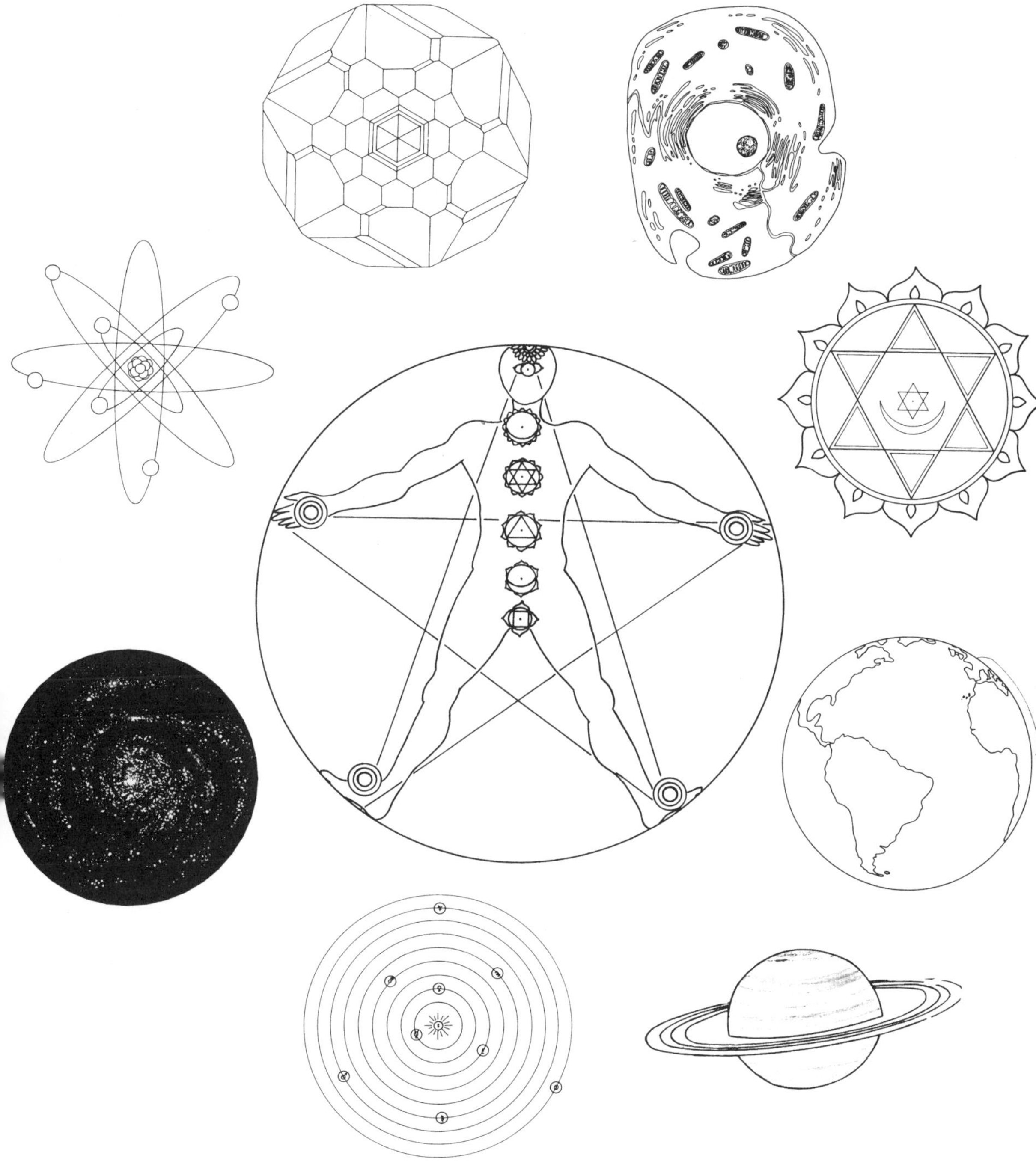

Microcosmos-macrocosmos.

Toda materia, mandalas atómicos; toda vida, mandalas celulares

Son mandalas todas las células de nuestro organismo, y lo mismo en los animales y las plantas, desde los seres unicelulares hasta la ballena, desde la margarita hasta la secoia. De múltiples formas, todas ellas responden al mismo principio, el del mandala. El núcleo celular, inmóvil la mayor parte del tiempo, determina desde su inmovilidad cuanto sucede, y todo gira alrededor de ese centro.

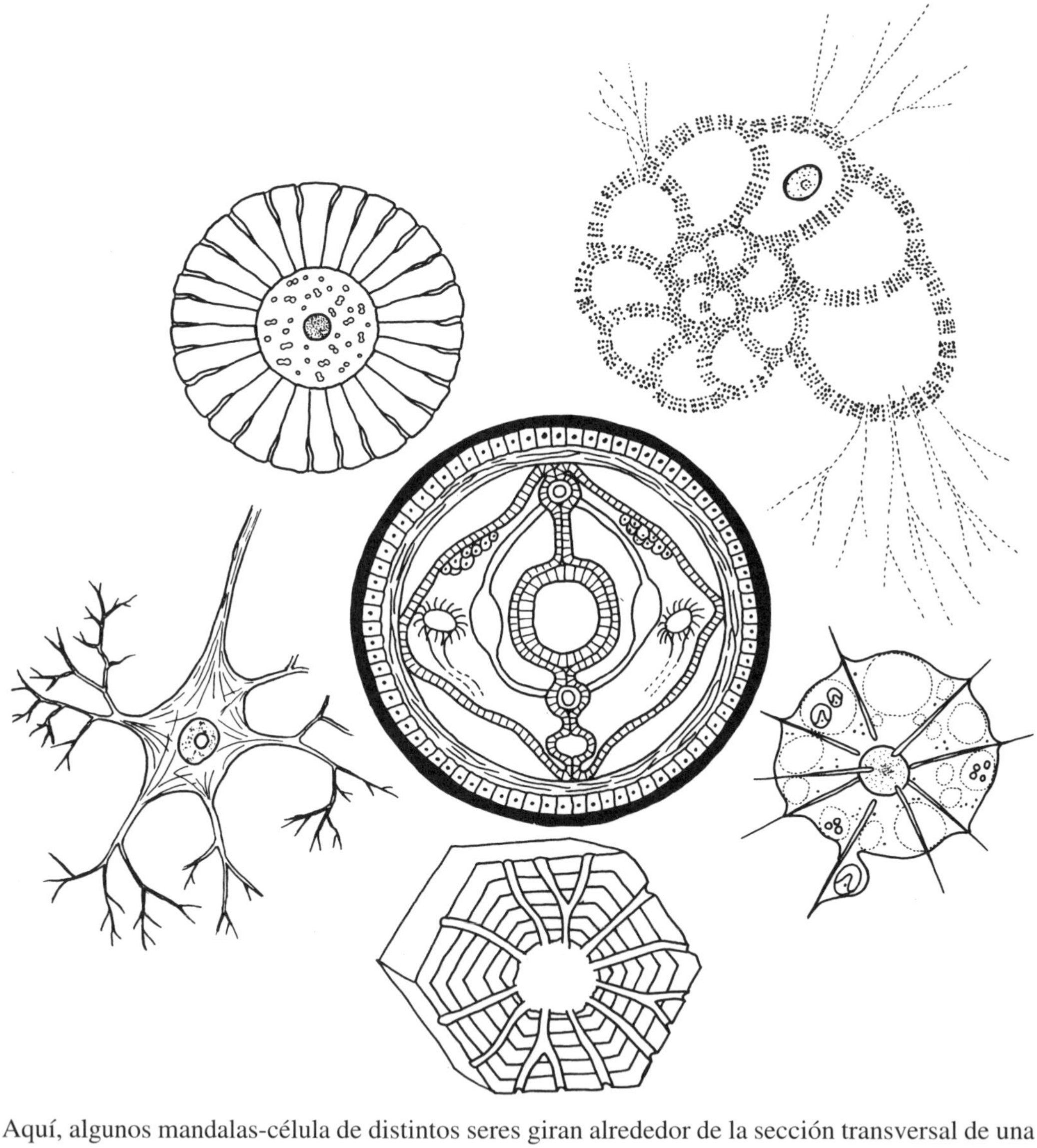

Aquí, algunos mandalas-célula de distintos seres giran alrededor de la sección transversal de una lombriz.

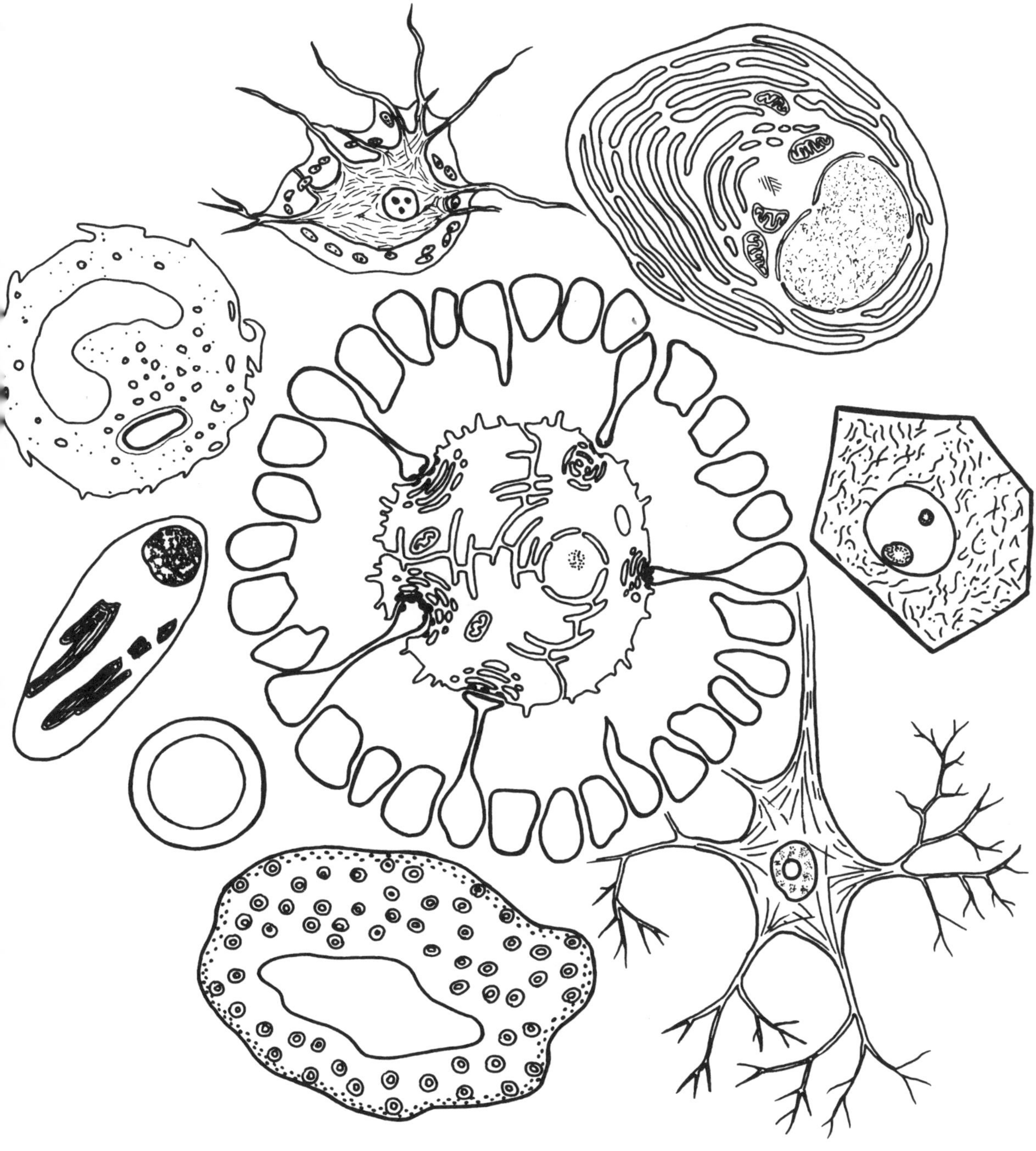

Diversos tipos de células humanas.

Analogías del mandala

En nuestro camino iremos hallando constantemente las analogías entre el microcosmos y el macrocosmos. El viaje al universo macrocósmico lo mismo que la inmersión en el interior de la célula o incluso del átomo nos ponen de manifiesto la similitud entre ambos reinos. A las inmensidades del vacío cósmico les responde el espacio enorme también vacío en el interior del átomo. Si algo encontramos en la exploración de los espacios infinitamente grandes o infinitamente pequeños, casi seguro que ese algo es un mandala.

Así la división celular nos presenta en el interior del núcleo la típica división en forma de husos que controlan la multiplicación de las células. En el macrocosmos, los geógrafos han trazado sobre nuestro planeta natal la misma pauta de husos, que lo dividen en grados de longitud y latitud. Es dudoso que al hacerlo tuviesen presente el mundo microcósmico, pero es que hay sistemas que se ofrecen por sí mismos.

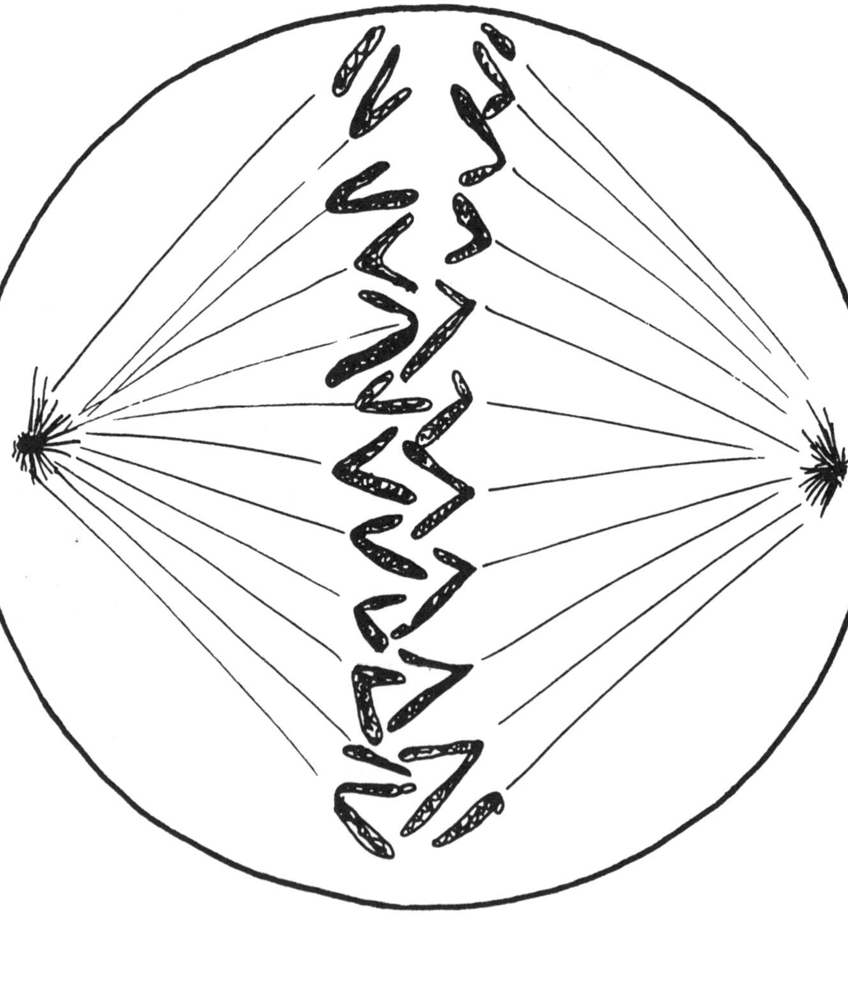

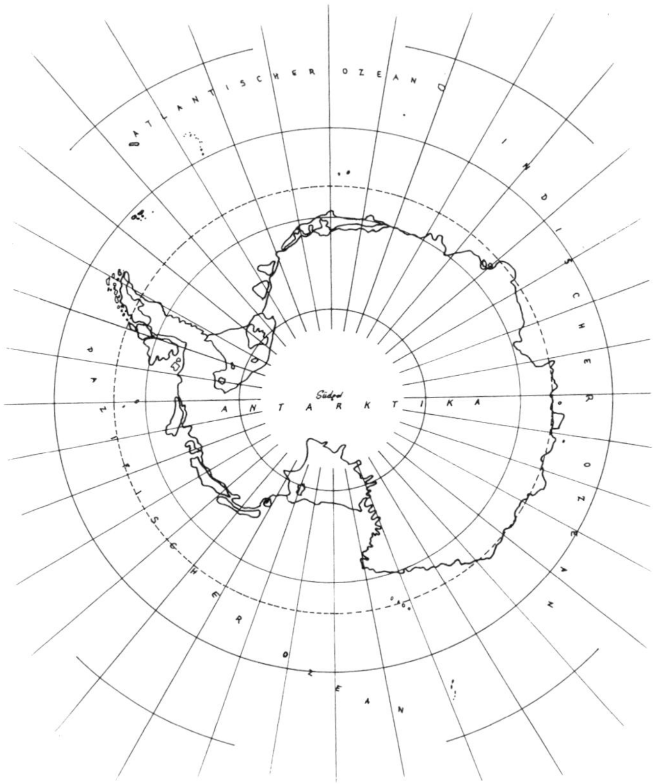

Polo sur.

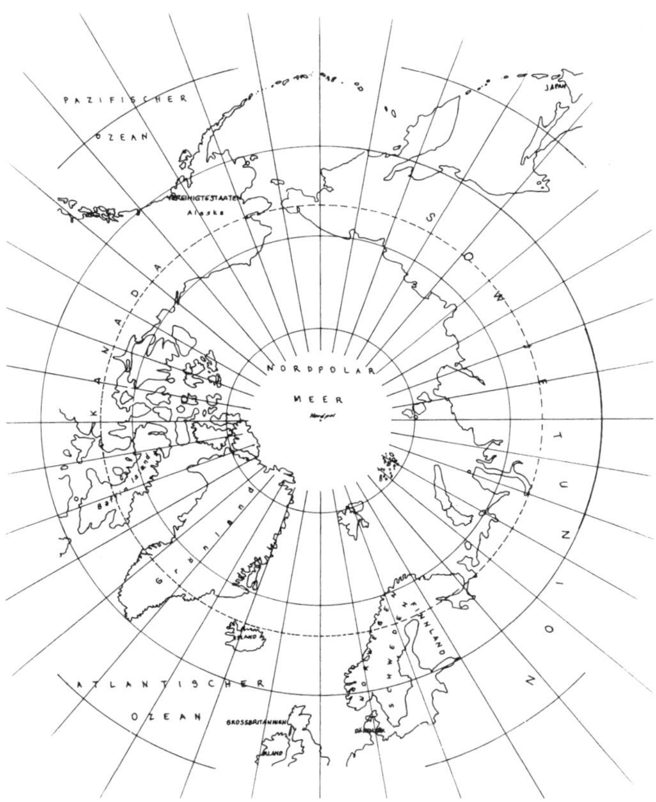

Polo norte.

Los cristales, un mundo de mandalas

Quien acaso contempló con reverencia
cómo nacen los cristales del alma de la tierra;
quien vio la llama en la semilla que germina,
y nacer lo nuevo en lo viejo, en la muerte la vida;
quien en humanos y animales a hermanos encontró
y en el hermano al hermano y a Dios reconoció;
ése, en la mesa del Grial celebrará al amor
en la santa cena con nuestro eterno Salvador;
ése busca y encuentra, como Dios nos ha prometido
el camino del retorno al Paraíso perdido.

MANFRED KYBER

Así como el mundo de la vida orgánica forma células a partir de los átomos-mandalas, también el mundo inorgánico parte de los átomos para formar incontables tipos y formas de cristales. Nacidos en el seno de la tierra hace millones de años, están construidos con arreglo a simetrías misteriosas, y muchas veces mandálicas. Y tal como el humano está constituido por millardos y millardos de células que tienen forma de mandala, las rocas y las montañas están hechas de estructuras cristalinas. Para hacernos una idea del crecimiento de los cristales podemos imaginar las estalactitas y las estalagmitas de las cavernas. Si seccionamos una de esas agujas de piedra, volveremos a encontrar la figura del mandala. Naturalmente.

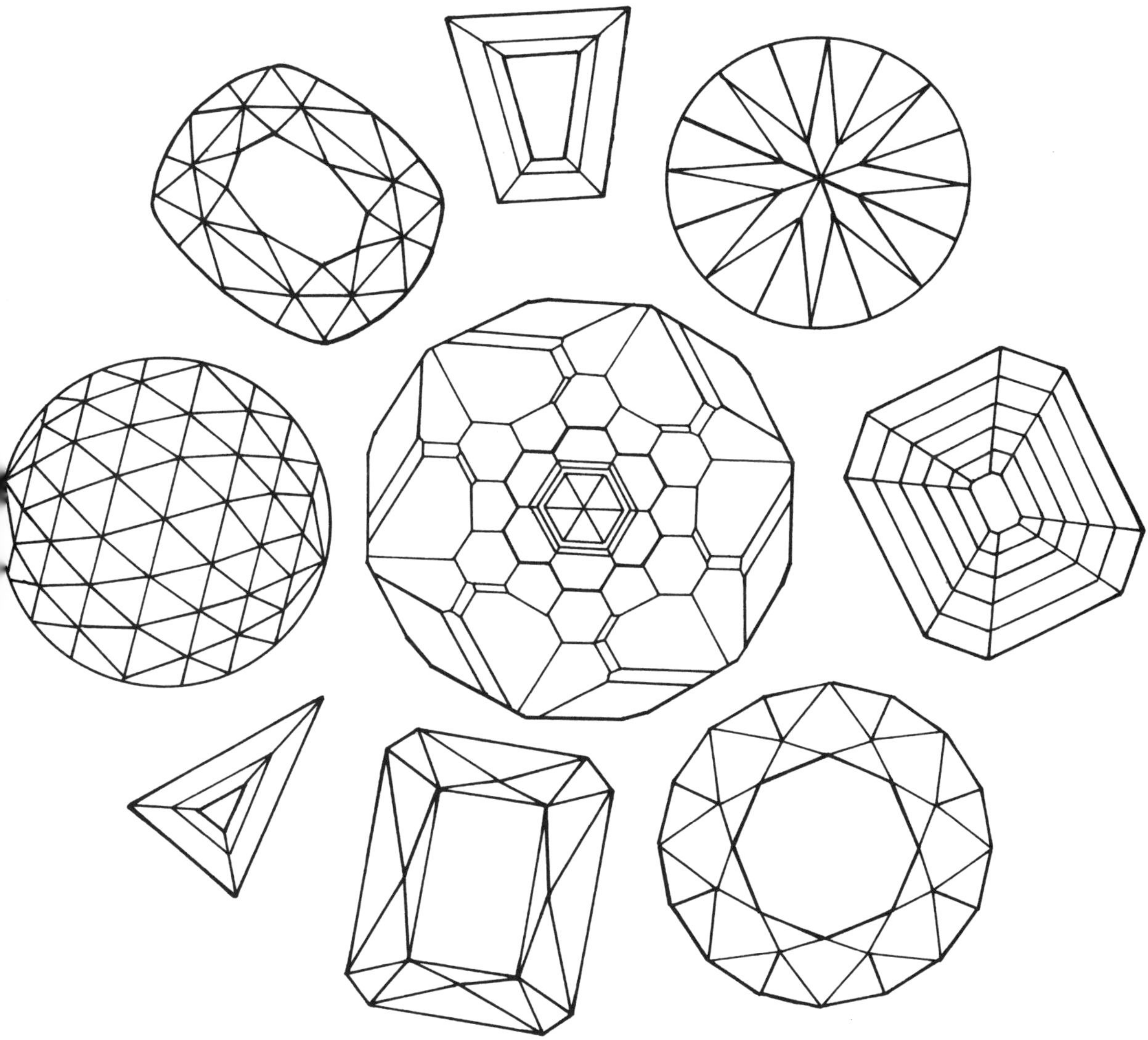

En el centro, un cristal natural, rodeado de diversas tallas de joyería, que también remiten habitualmente a la forma de un mandala.

En el reino de los cristales también hay polaridad

Como todas las cosas de la creación, los mandalas también tienen dos aspectos. Así como hay cristales maravillosos cuya armoniosa belleza nos alegra el corazón, existen otros mucho menos agradables, o incluso causantes de dolor. Como por ejemplos los del ácido úrico, no exentos de belleza pero causantes del mal de gota.

Cristal de ácido úrico.

Montañas de mandalas animales

Cuando no están formadas por cristales, las montañas y las cordilleras a veces son mandalas a pesar de todo, cuando constan de rocas calizas. Millones de microscópicas conchas fosilizadas, mandalas del reino acuático, se han compactado durante millones de años hasta adquirir la densidad de la piedra.

De manera similar crecen los arrecifes de coral en los mares. Los múltiples brazos del coral, seccionados transversalmente revelan ser también mandalas.

El mundo acuático, un mundo de mandalas

Cada gota de agua, además de constituir universo propio es también un mandala. Pero incluso los billones de gotas juntas, que no manifiestan ya su común origen, conservan la pauta y tienden a desvelarla en cada oportunidad. Apenas arrojamos una piedra al estanque aparece un mandala vivo que acaba por extenderse a toda la superficie del agua, por ancha que sea. Podría ocurrir que las últimas estribaciones sean tan sutiles que nuestros dos mandalas-ojos no sean capaces de distinguirlas. Todas las veces que el agua entra en movimiento vuelven a aparecer los billones de gotas-mandalas. Lo que nos proporciona el maravilloso espectáculo del arco iris, cuando la luz blanca del sol se quiebra en los billones de diminutas gotas y aparecen los siete colores regalándonos ese arco de mandala, el arco iris, hecho de billones de mandalas pequeñísimos.

Esta maravilla es el resultado de la caída de un solo mandala-gota de agua, que va a formar siempre una corona hecha de millones de mandalas-gotas de agua anónimos, pero nunca dos coronas iguales.

Nuestra agua de cada día

En efecto el agua nos es más necesaria para la vida y la supervivencia que nuestro pan de cada día, incluso prescindiendo de que el pan no sería posible sin el agua, y, además, está compuesto de agua en buena parte. El resto son granos y, por tanto, mandalas naturales.

Espontáneamente el agua y los demás líquidos adoptan la forma de mandala a la primera oportunidad. En los millones de cañerías por donde entra el agua en nuestras viviendas y sale de ellas, así como en las venas y las arterias que son las cañerías de nuestra vivienda corporal —todo ello mandalas, si se consideran en sección transversal—, el flujo forma las figuras más curiosas y extraordinarias. Mandálicas, como esperamos demostrar con los ejemplos siguientes.

Como tantas otras veces, un ejemplo tan banal como el de las conducciones de agua pone de manifiesto la infinita variedad de la naturaleza. Ella elige sus formas de entre una inimaginable riqueza de posibilidades, pero manteniendo siempre el orden dentro de la abundancia, en este caso gracias al mandala. La circulación de la sangre en nuestro organismo también obedece a reglas estrictas, y sus glóbulos que también son mandalas entran a ocupar su lugar en esa ronda: los rojos, que transportan el oxígeno, lo mismo que los blancos, que se encargan de la defensa inmune.

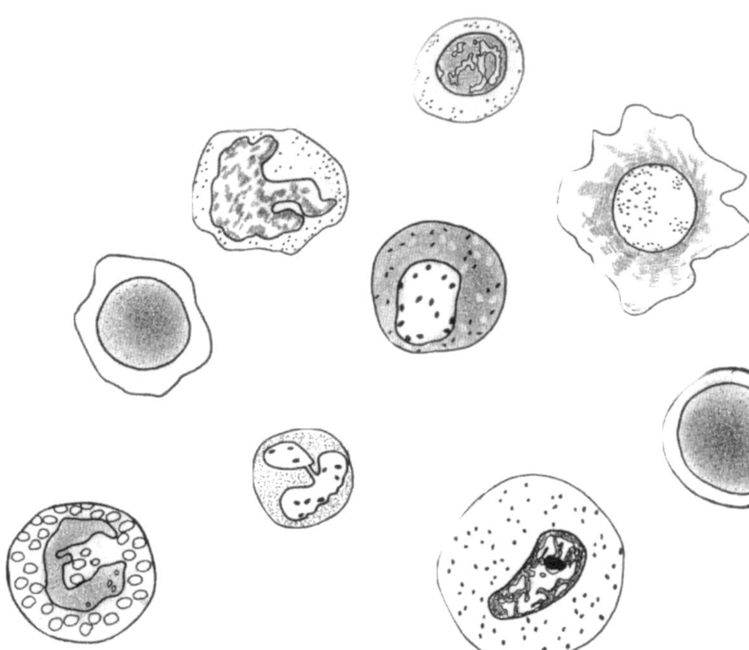

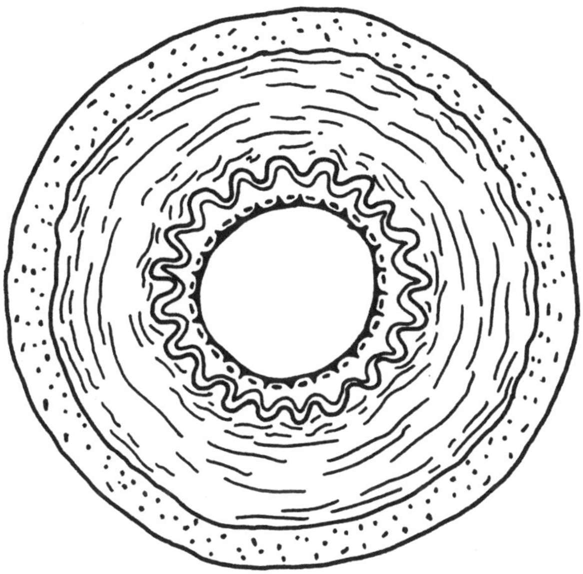

arteria

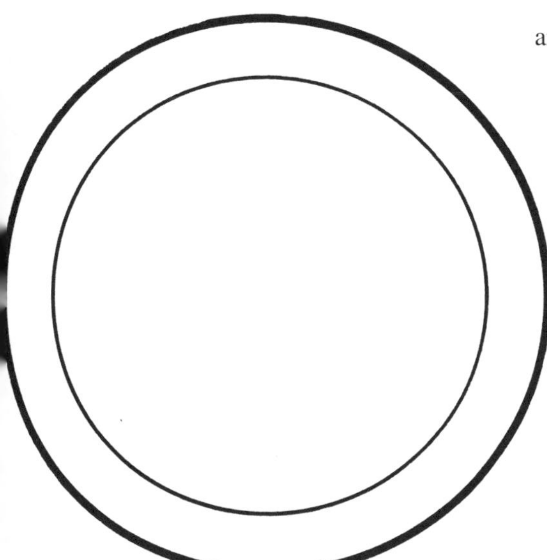

conducción de agua

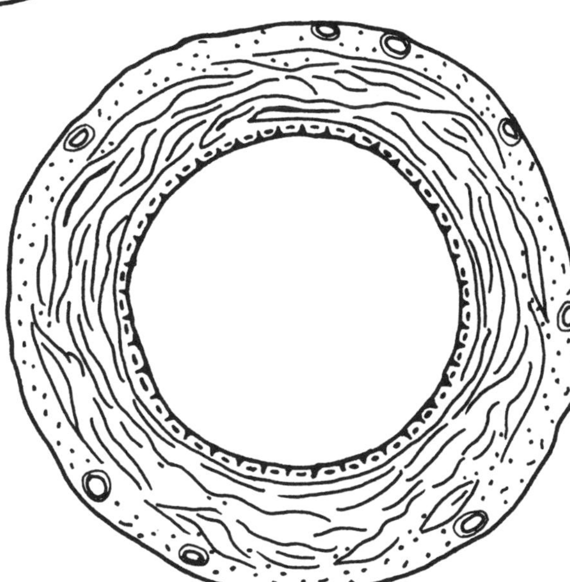

vena

El agua de la vida en sus cañerías.

Flujo turbulento

Flujo turbulento

Flujo turbulento

Estos tres perfiles de turbulencia se han elegido al azar entre muchos, para dar una leve idea de la infinita variedad de formas de la naturaleza, que realmente excede el poder de la imaginación humana. Y como prueba de la tendencia de aquélla a construir siempre sobre la pauta del mandala.

El mandala-remolino

Esa cualidad del elemento agua que nos parece tan conocida a primera vista, la de formar remolinos, bien mirado es bastante prodigiosa. Sentados en la bañera podemos observar cómo el agua se escurre formando un remolino; si ponemos el dedo meñique en el centro puede ocurrir que lo saquemos completamente seco, ajeno al campo de fuerzas presente en medio de la turbulencia. En el mar, un remolino grande puede arrastrar al fondo una persona. Pero seguimos sin saber por qué se forman remolinos.

Sólo sabemos, por experiencia, que hay un gran secreto en el centro del mandala, y que actúan en él fuerzas inusuales. Pero éstas contradicen la imagen habitual de la sociedad de prepotentes que somos, porque son fuerzas que se quedan quietas. Y, sin embargo, actúan en todas partes. En nuestras latitudes giran siempre en el sentido de las agujas del reloj, sin que tampoco sepamos por qué. El físico inglés Thompson, más conocido entre nosotros como lord Kelvin, basó en el remolino espiral su imagen del universo físico, pero ese modelo ha caído en el olvido lo mismo que las revolucionarias investigaciones prácticas del docente austríaco Viktor Schauberger sobre los secretos del remolino (sobre los misterios del agua véase también Urs Honauer, *Wasser – die geheimnisvolle Energie*, Hugendubel, 1998).

Mandalas insólitos

Los líquidos tienden al mandala esférico, tanto más, cuanto más elevada sea su tensión superficial. Y los sólidos siempre pueden licuarse, sólo es cuestión de condiciones y sobre todo de la temperatura. Hoy día hemos conseguido licuar incluso el carbono. El vidrio fabricado fundiendo cristales de cuarzo, cuando va a ser formado por un hábil soplador forma una gota de maravilloso aspecto mandálico, comparable a las bolas multicolores que colgamos del árbol de Navidad para que simbolicen, durante la noche más larga del año, la esperanza del retorno de la luz, según es costumbre desde la época precristiana. Desde el observatorio de Dios el abeto tiene figura de mandala.

El cristal de cuarzo no es el único material sólido que puede fundirse para adoptar formas mandálicas. La piedra en forma de lava que vomitan los volcanes y los metales fundidos son ejemplos de sólidos licuados a temperaturas elevadas. En último término todas las materias tienden a adoptar aspecto de gota o de esfera; la causa física es obvia, ya que la esfera contiene el máximo volumen en la mínima superficie por efecto de la tensión superficial, y el ejemplo más obvio es el mercurio, el único metal líquido a la temperatura ambiente. A la primera ocasión salta y se descompone en miles de bolas-mandala de distintos tamaños; pero si las unimos, obtendremos una bola grande.

El mandala árbol de Navidad

El árbol de Navidad en tanto que planta siempreviva representa la esperanza de la continuidad después del invierno; la luz renace después de la noche más larga y este símbolo es mucho más antiguo que el cristianismo. Los druidas colgaban velas y pasteles en representación de la inmortalidad. El árbol de Navidad seguramente permanecerá, sus accesorios cristianos ya es más dudoso. Debajo de los árboles de Navidad centroeuropeos cada vez se ven menos belenes, pero nos queda el pato de Navidad, que nos recuerda el pato sagrado de la dama Holle, la diosa germánica de los cielos y de la tierra. He aquí un árbol de Navidad con bolas-mandala visto desde la perspectiva cenital.

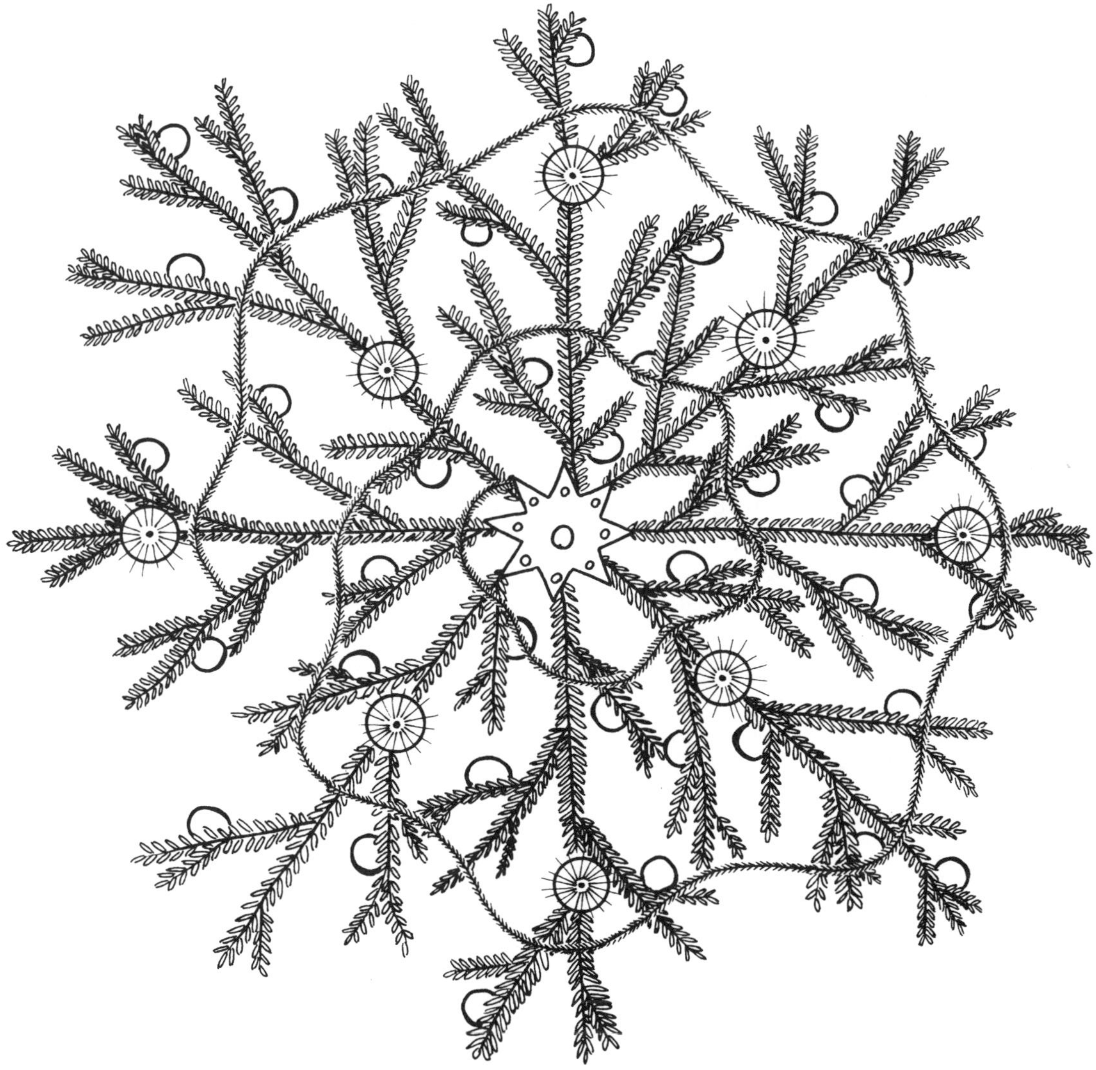

Origen de la vida en el mundo mandálico del agua

Entre los líquidos el agua es el prodigio mayor. Algún día ella nos dirá, tal vez, cómo almacena las pautas de los remedios homeopáticos más allá de su desaparición física en la potenciación, o cómo absorbe y transmite la eficacia curativa de las flores de Bach.

Es la molécula más importante del mundo, en primer lugar porque evolutivamente la vida proviene de ella. Y en el plano individual también, porque todos los mamíferos y, por tanto, los humanos nos criamos en el líquido amniótico cuya composición todavía es similar a la del océano primordial.

Lo mismo que la mayoría de los seres vivos de este planeta, no hemos abandonado el agua definitivamente sino que la sacamos a tierra firme embotellada en nuestras células. Estamos hechos de agua en una enorme proporción. Y cuando las vacaciones nos permiten librarnos de la pesadez de nuestra vida en la tierra, buscamos el mar, es decir, el agua, para tratar de purificarnos. El placer del baño nos viene desde la infancia y apenas disminuye con la edad; por otra parte, cuanto más se parece la temperatura del baño a la del líquido amniótico más a gusto nos encontramos. Los bañistas que flotan en las piscinas de aguas termales a la temperatura del cuerpo dicen experimentar ratos de dicha suprema como cuando estaban en el seno materno. Esa vinculación con la patria originaria, el agua, perdura de por vida.

Los minúsculos habitantes del agua y casi exclusivamente compuestos de ella, que aseguran la base de la cadena alimenticia en este planeta, nos recuerdan que todo proviene de los mares primigenios y que nosotros mismos estamos formados por más de dos terceras partes de agua. Si prolongamos la analogía microcosmos-macrocosmos, observaremos que el mandala Tierra está cubierto por las aguas en más de dos terceras partes de su superficie.

Ejercicio: El retorno al mandala-agua

Si sabe nadar, póngase unos flotadores en los tobillos y sumérjase en una piscina de aguas termales quietas. Suéltese y verá cómo flota el cuerpo totalmente estable. Puede relajar la cabeza, porque si respira con calma verá que al inhalar y exhalar el cuerpo se mece tranquilamente y no entra ni gota de agua por la boca ni por la nariz. Relájese hasta que los ojos queden cubiertos por una delgada capa de agua. Si ahora abre usted sus mandalas-ojos podrá contemplar el mundo que le rodea como un gran mandala (debido a la refracción de la luz en la superficie del agua). Si ahora abre brazos y piernas usted mismos se convierte en una figura mandálica, el pentagrama o estrella de cinco puntas.

A no tardar notará que se instaura una sensación de ingravidez, y si el agua está a la temperatura idónea, la desaparición de la frontera corporal. En tan maravilloso estado son posibles diversas vivencias cumbre, quizá la experiencia de unidad con el todo, sentimientos oceánicos de una amplitud que tal vez no haya conocido antes, éxtasis y embriaguez, quizá por evocación del período inicial de la vida, cuando flotábamos ingrávidos y ajenos a todo en el vientre materno, sumergidos en el caliente líquido amniótico. Ése es el fundamento inconsciente de todas las Jaujas y de todos los Paraísos, y el período de la confianza primitiva que es la base de la futura confianza en uno mismo. En este sentido es un ejercicio que puede favorecer el equilibrio y el aplomo psíquico. Cuando haya repetido varias veces la experiencia descrita descubrirá que puede ir prescindiendo de los flotadores, ya que los cuerpos de prácticamente todos los hombres y todas las mujeres flotan de manera natural y sin necesidad de ayudas.

De hecho, ahogarse en el agua sólo es posible por hipotermia. O por miedo, el cual desde luego tiene diversas raíces psicológicas. Es difícil describir las sensaciones de libertad y de regresión en el sentido de retorno a los propios orígenes, pero es muy fácil vivirlas. Hágalo y verá lo poco que cuesta sentirse uno en su elemento, dicho sea en el sentido más verdadero de la expresión: el agua es nuestro elemento y nuestra primera patria, al igual que el mandala es nuestra vivienda.

Un ser acuático flotando libremente.

El mandala gota de agua

El mar, ese mundo compuesto de gotas de agua, engendra cantidades inconcebibles de mandalas de todos los tamaños a todas las profundidades. Incontables millardos de individuos cuenta el plancton, base de la cadena alimenticia y origen de la vida. Con lo cual regresamos evolutivamente a los comienzos, ya entonces caracterizados por la inagotable variedad de formas de la naturaleza.

Plancton.

Fascinación mandálica del mar

Los seres acuáticos pluricelulares conservan la estructura de mandalas y debe ser por eso que los niños pequeños y a veces también los grandes son aficionados a recogerlos y coleccionarlos. Recoger conchas es recoger mandalas. Sean caracoles, veneras o estrellas de mar, tan pronto como asoma la estructura mandálica por entre las arenas, las manos grandes y pequeñas se tienden hacia ellas con entusiasmo. En cambio, otras carcasas o envolturas abandonadas, si no tienen la figura mandálica no suscitan el mismo interés. Y si la concha está rota, y, por tanto, destruido el mandala, la fascinación desaparece por completo.

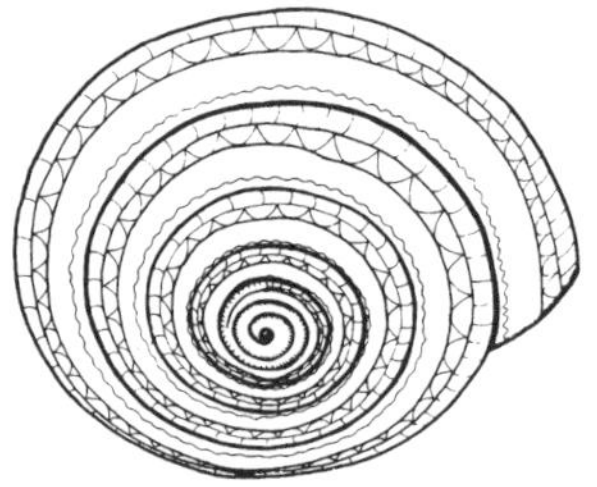

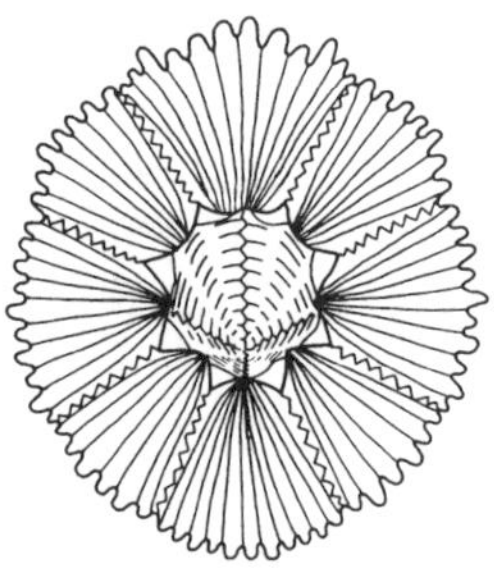

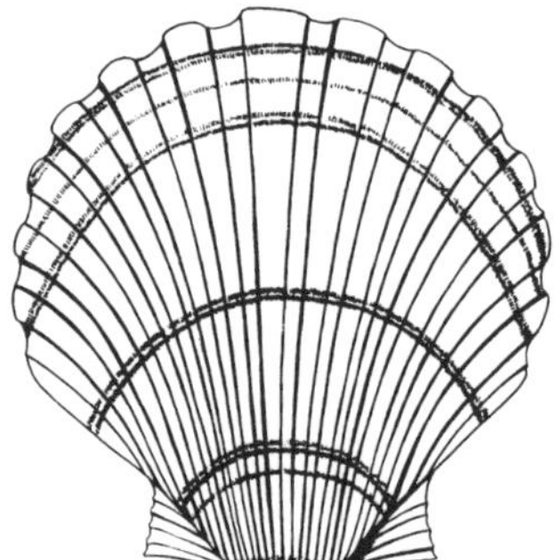

Una concha excepcional.

El prodigioso mundo de los seres marinos

La espiral de las caracolas de mar que conocemos reproduce exactamente la del caracol de nuestro oído medio. De modo que llevamos con nosotros el mar primigenio, no sólo en cada una de las células corporales (por su composición elemental), sino incluso estructuralmente, lo cual demuestra el común origen de todos los seres vivos y, por tanto, el carácter inmediato de la estructura del mandala en todo el microcosmos y el macrocosmos. Nosotros los humanos somos parte de ese universo, y lo llevamos al mismo tiempo dentro de nosotros. Si lo tuviéramos presente irían mejor parados el mundo interno y el externo; por ejemplo, nuestros caracoles auditivos no tendrían que soportar el tormento del ruido y no protestarían con los acúfenos o caerían derribados por el vértigo.

Caracol del oído.

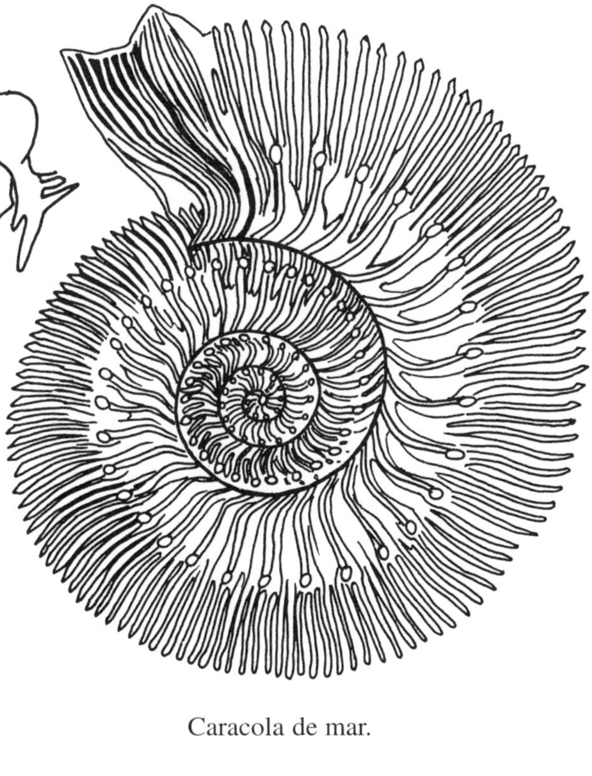

Caracola de mar.

El prodigioso mundo de los cristales de nieve

Antes de abandonar el mundo del agua mencionemos uno de sus juegos más sorprendentes en la ronda de la infinita variedad de formas: el reino mágico de los cristales de nieve. Si consideramos que no existen dos ejemplares iguales en toda la creación, que todos se diferencian en algún detalle por nimio que sea, tendremos una noción de la inimaginable riqueza de formas e ideas que distingue a la naturaleza. Un fotógrafo norteamericano dedicó toda su vida a retratar cristales de nieve y no pudo descubrir dos iguales. Mientras nos abrimos paso coloreando esta tormenta de nieve, tal vez comprenderemos que ese fenómeno de la variedad inextinguible no se limita en absoluto al agua cristalizada...

Mientras decoramos esos copos de nueve usando colores fríos, blanco-azulados como les corresponde, tal vez aumentará nuestro respeto ante la riqueza y las posibilidades de la madre naturaleza. Superarla, es algo que no conseguiremos nunca; respetarla en cada uno de sus infinitos cristales, sería un mandamiento de la inteligencia...

El mandala, regla de la diversidad

Aunque no haya dos cristales de nieve iguales, todos están constituidos con arreglo a las mismas leyes. Todos son mandalas y, además, minúsculas estrellas de seis puntas. La constante estructura de hexagrama da testimonio del enorme sentido del orden que caracteriza a la naturaleza dentro de su infinita multiplicidad. Y así como no hay dos cristales de nieve iguales aunque todos obedezcan a la misma pauta, no existen tampoco dos personas iguales y, sin embargo, todas responden a igual pauta mandálica, a la que se ajustan durante el camino de la vida.

La tempestad de diminutos y prodigiosos ejemplares únicos quizá sirve para recordarnos que, aun siendo cada humano un ser único, como todos los demás él obedece a su pauta interior, la del mandala que lleva en cada célula y cada átomo. Y recíprocamente, aunque respondamos a una misma ley biológica general, ni siquiera los gemelos univitelinos son idénticos, sino que se diferencian, incluso en lo más superficial y epidérmico: esos mandalas que son las huellas dactilares.

De la primavera de los mandalas-flor al otoño de los mandalas-fruto

Emergemos del reino de las aguas y regresamos a esa corteza seca que es la tierra, pero permanecemos siempre en el dominio de los mandalas. La variedad de las corolas florales casi recuerda la del reino aéreo de los copos de nieve. Como las estrellas en el cielo nocturno brillan las estrellas florales bajo la luz del sol. Casi todas las flores adoptan la figura del mandala y seducen con esas bellísimas estrellas a los insectos, astucia que viene funcionando con éxito desde hace millones de años.

La rosa es la reina de las flores, aunque son rosáceas casi todos nuestros frutales, como el manzano, el peral, el cerezo, el ciruelo y todos los arbustos que dan bayas, desde la zarzamora pasando por la frambuesa hasta la grosella.

El secreto del centro

El secreto del mandala está en su centro. Algunas flores lo esconden pudorosamente entre sus pétalos, como la rosa que acabamos de colorear, otras lo desnudan sin tantas reservas, o de modo que podríamos considerar descarado como esta amapola.

Y no sólo en las flores el lugar del secreto es el centro, sino en todos los mandalas. En aquéllas es donde se hallan los órganos sexuales, los estambres y el pistilo, bien visibles. Muchas veces los espléndidos colores y formas de las flores, así como sus aromas embriagadores, sirven únicamente para que los insectos se acerquen y entren en contacto con dichos órganos. Pero éstos encierran a su vez el secreto de la polaridad, la posibilidad de que dos engendren uno, o de reunir lo que la creación ha dividido.

Lo que es la rosa para nosotros, para los hindúes es la flor de loto. Volveremos a encontrarla en los chakras, y la hallamos más o menos estilizada en todos los mandalas hindúes.

El humano en el mandala, los mandalas en el humano

Leonardo da Vinci dibujó este canon del hombre como pentagrama, es decir, como mandala, bien conocido por otra parte en las culturas orientales.

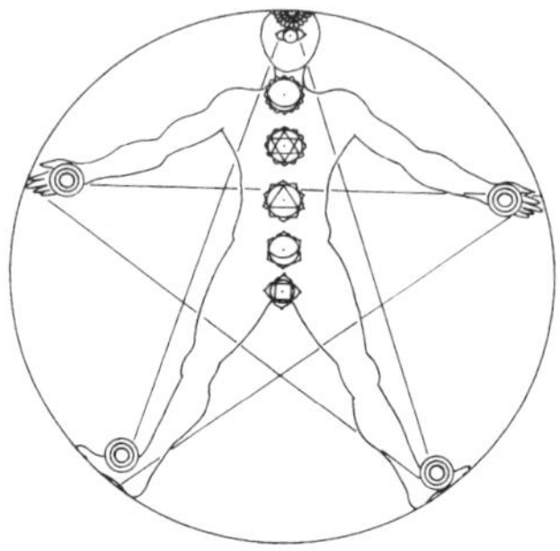

Pero como ya se ha dicho, llevamos la signatura del mandala en cada uno de nuestros átomos y asimismo en cada una de nuestras células. Muchas neuronas lo evidencian así con su forma de estrellas, pero en principio todas las células manifiestan esa danza alrededor del centro que ya habíamos visto en el átomo.

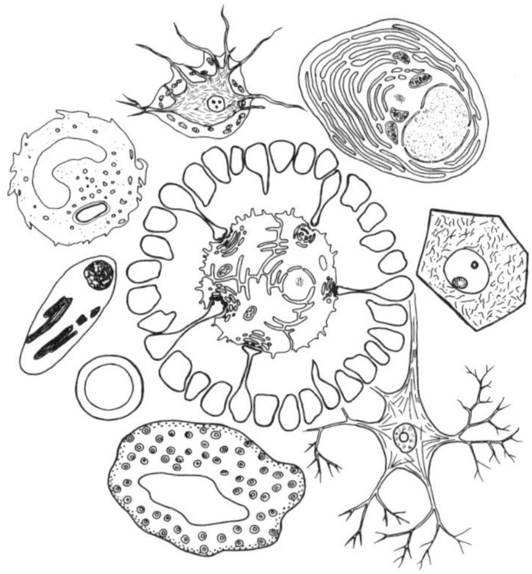

Si lo es la célula, no lo es menos el núcleo de la célula: mandala casi perfecto en cuyo centro se halla la información genética para el humano, el animal y el vegetal. También aquí, lo mismo que en los mandalas-flores, el secreto se oculta en el centro. La doble espiral del ADN codifica un saber que todavía no abarcamos en toda su extensión. Hay motivos para sospechar que el núcleo almacena, además, una buena parte de nuestra historia evolutiva. En el ejemplo vemos la pauta espiral en el núcleo de un glóbulo sanguíneo en formación.

Estructura del núcleo de un glóbulo en formación

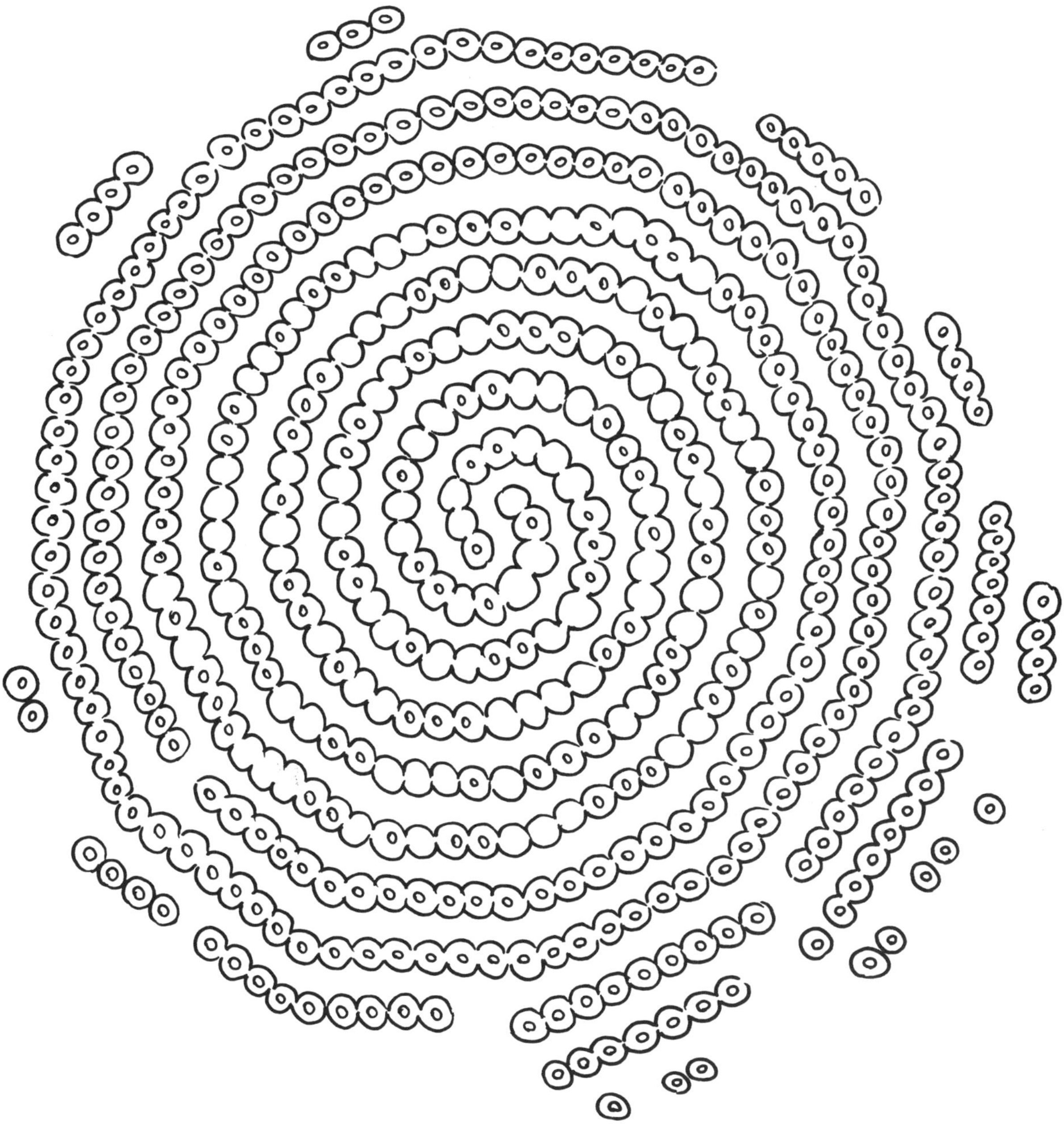

Mandalas interiores

En el interior de nuestro organismo hallaremos mandalas para todos los gustos; bastará pensar en las secciones transversales de los incontables vasos, venas, arterias y vías linfáticas. Lo son también las de los nervios. Y lo mismo rige para la estructura de los huesos, que ofrecen con sus canalículos de Haver magníficas figuras mandálicas. La estructura de los lóbulos del hígado, totalmente centrada alrededor de la llamada vena central, es otro ejemplo de mandala natural, o cualquier sección del tubo digestivo incluyendo los intestinos.

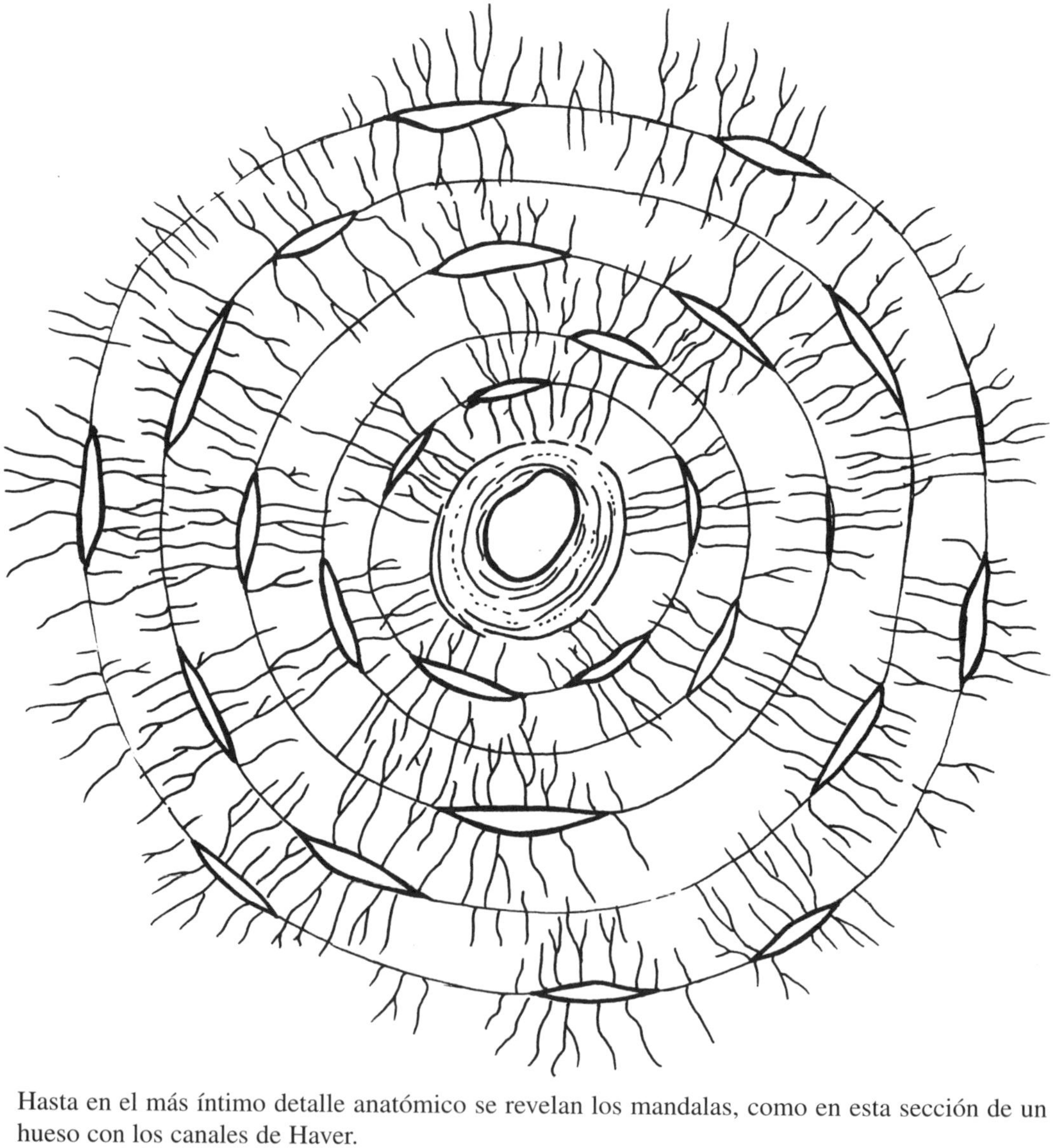

Hasta en el más íntimo detalle anatómico se revelan los mandalas, como en esta sección de un hueso con los canales de Haver.

Mandalas exteriores

Si nos salimos de las profundidades del núcleo celular y de las interioridades del organismo, la superficie nos bastará para encontrar otros muchos mandalas, por ejemplo los remolinos del cabello y el vello corporal, que siguen siendo los de unas criaturas acuáticas. También los relieves de la epidermis, sobre todo en su manifestación más conocida que son las huellas dactilares. En ellas queda corroborado el carácter único del individuo. Estos mandalas especialmente visibles en las yemas de los dedos no tardarán en utilizarse para la autenticación electrónica de documentos, ya que son mucho más individuales que las firmas, a las que vendrán a sustituir, y, por tanto, menos expuestos a ser falsificados.

Mandala de un remolino del cabello y de una huella dactilar.

Mandalas-humanos y mandalas-árboles

Estrecha vinculación entre humanos y naturaleza: la misma estructura mandálica en la corteza de los árboles viejos, muchas veces recubiertos de mandalas. Adopta esa forma cada lesión, cada rama perdida en el decurso de la lucha por la vida. De hecho, cualquier excursión a través del reino arbóreo nos revela toda una abundancia de mandalas. Los más conocidos, los anillos anuales de los troncos, libro de madera en donde se computan con exactitud los años de abundancia y los de sequía que ha vivido el árbol, y que constituyen así como una especie de memoria de la naturaleza.

Un solo cabello humano permite diagnosticar el estado de salud de una persona, con los medios de que hoy se dispone; como el tronco del árbol (1), la sección del cabello (2) da testimonio de cómo ha pasado su propietario las diferentes etapas de su vida. En ese contexto hay que mencionar también la columna vertebral, como eje del microcosmos humano representado aquí por la sección de un disco intervertebral (3).

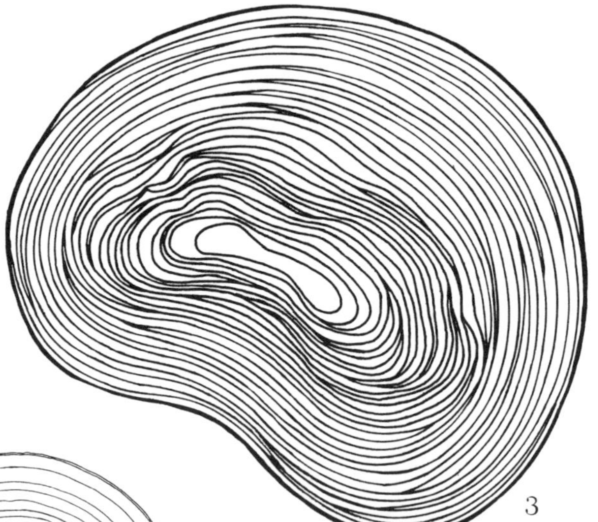

3

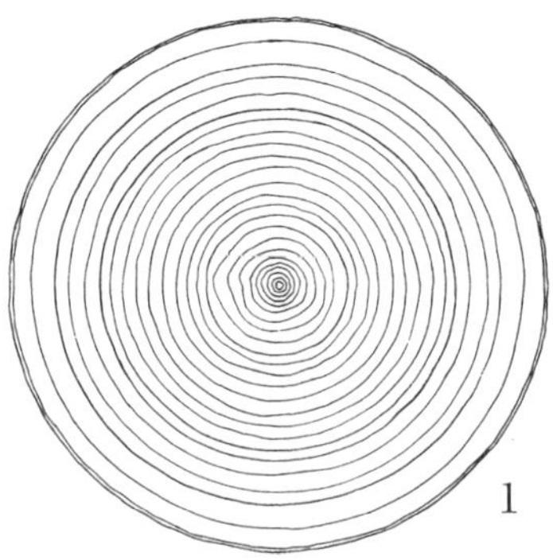

1

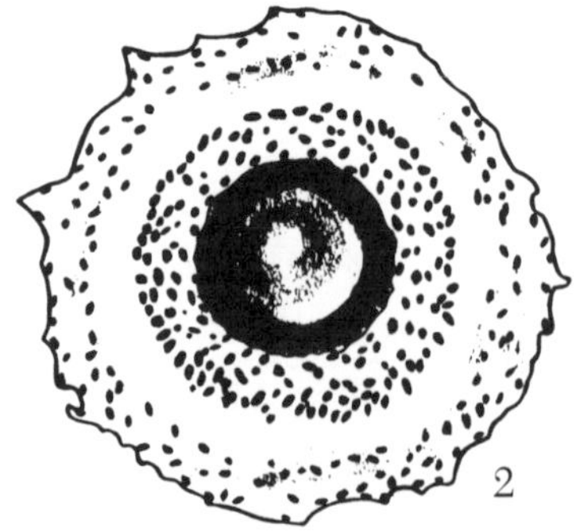

2

Mandalas-hoja

Los mandalas más evidentes de los vegetales verdes son sus hojas. En la analogía éstas corresponden a nuestros lóbulos pulmonares. Pues en efecto, nosotros tenemos dentro del pecho un árbol inverso, tronco arriba, que es la tráquea, con dos ramas principales que luego se ramifican en los pulmones. Los alvéolos pulmonares al extremo de los bronquios y los bronquiolos funcionan como las hojas verdes del árbol externo vegetal. Éstas entregan oxígeno y absorben el dióxido de carbono. Los mandalas-pulmones entregan el oxígeno a la sangre y absorben el CO_2 de ésta. Las hojas de las plantas ceden el oxígeno a la atmósfera y toman de ésta el CO_2. Visto así, nuestros árboles internos forman un ciclo en combinación con los externos... y como todos los ciclos, éste también es un mandala.

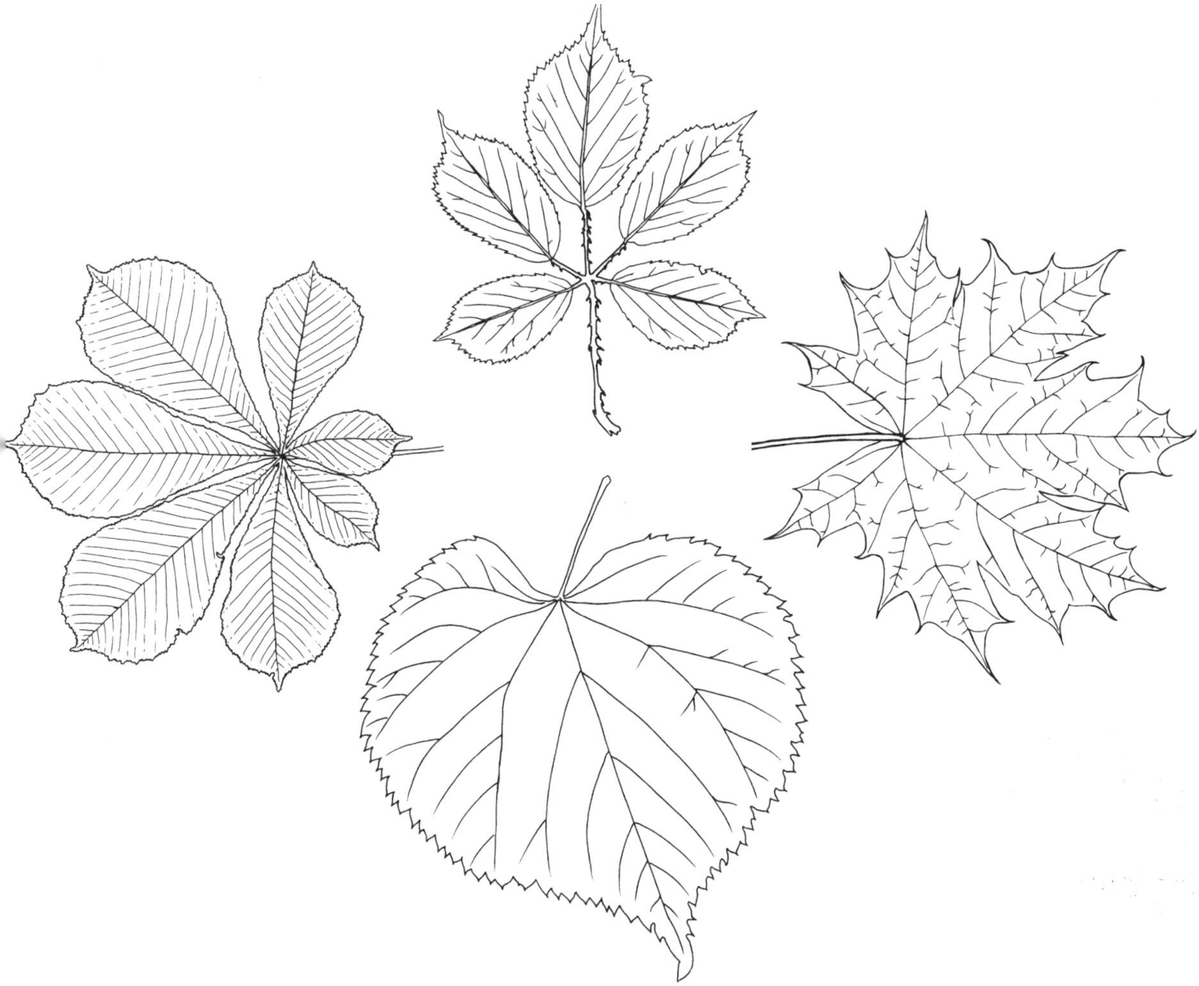

El cáliz que forma la hoja de la alquimila produce cada noche una gota de agua en forma de perla, que es su propio mandala. Para los antiguos alquimistas ese rocío tenía especial valor en relación con la Obra, de ahí el nombre de la alchemilla arvensis.

Mandalas-frutos

Los frutos del árbol, que nacen de los mandalas-flores, siguen siéndolo, como sucede también con las fases iniciales del óvulo de los animales y los humanos. Y aunque en ocasiones la forma del fruto pueda hacernos dudar del carácter mandálico del plátano o de la pera, su sección nos lo corrobora.

Retornamos a la corona de la Creación

En la figura humana externa, la cabeza es el mandala determinante, como salta a la vista y aunque nuestra esfera no sea de una redondez perfecta. Aunque aceptáramos como centro una nariz chata o en forma de botón, queda una imagen asimétrica. En cambio, no pocas veces hallamos mandalas aproximadamente perfectos en los pechos semiesféricos de las mujeres. Esta figura suave, comparada en el habla popular a las manzanas, proporciona un estupendo arquetipo del principio femenino, lunar y venusino. Su importancia para nosotros se pone de manifiesto, sobre todo en los Estados Unidos, donde los cirujanos plásticos se dedican a «corregirlos» hasta aproximarlos a la forma perfecta. Lo malo es que estas semiesferas artificiales carecen del tacto natural y no se adaptan a la fuerza gravitatoria ni estando la propietaria de pie ni echada; el acto quirúrgico no mejora para nada las cualidades lunares, ni tampoco apenas las venusinas, que sólo ganan a primera vista y sin fijarse demasiado. Lo cual nos demuestra que no podemos corregir la naturaleza sino en apariencia, nunca en la realidad. La búsqueda de mandalas exteriormente perfectos en este plano presenta un aspecto oscuro y es el del excesivo predominio de las apariencias sobre los contenidos.

Al comienzo de la existencia las nalgas también se aproximan al ideal mandálico, aunque luego, en el decurso de la vida, pagan su tributo a la fuerza de la gravedad y van perdiendo su figura de mandalas. Lo cual suele desagradar, puesto que preferimos las dos semiesferas turgentes, más próximas al arquetipo. En estos casos también se ha enmendado la plana a la naturaleza mediante rellenos de diversos tipos en la ropa interior: es lo mismo que, en el plano superior, el Wonder-Bra, el sujetador milagroso cuya utilidad consiste exclusivamente en ofrecer a nuestras miradas ansiosas dos mandalas semiesféricos perfectos.

Mandalas humanos externos

Mandalas-ojos

Algunos mandalas del aspecto externo nos son familiares, obviamente, como los ojos de la cara. Doble mandala que permite ver un pedazo de cerebro, ya que los globos oculares no son otra cosa sino una región del cerebro proyectada hacia el exterior, como mangas vueltas del revés. En esos órganos se manifiestan una vez más, y con gran claridad, el principio del mandala y el misterio del centro. Porque lo esencial del ojo no es el iris coloreado (aunque tenga forma de mandala y, por tanto, su misterio propio), sino la pupila que está en el centro. Ese centro negro es la nada y lo vemos simplemente porque se traga toda la luz que recibe. En la profundidad reside el misterio de la formación de las imágenes sobre la superficie de la retina, también conformada como un mandala. Las células visuales, los conos y los bastoncillos con su signatura de mandala, convierten los destellos luminosos en impulsos eléctricos. Y el verdadero secreto nos conduce todavía más al interior, porque dichos impulsos transmitidos por el nervio óptico (cuya sección es un mandala) hasta el centro receptor del cerebro donde se forman en realidad las imágenes que percibimos y que por tal motivo, en realidad siempre son imágenes interiores.

En lo profundo del vacío hallamos, una vez más, el misterio y la solución. Y encontramos asimismo la polaridad, porque el ojo no es sólo aparato fotográfico, sino espejo del alma. Los ojos del ser amado atraen a los amantes de todo el mundo, que quieren descubrir el secreto en sus profundidades.

Ejercicio para el mandala-ojo

Un ejercicio exteriormente muy sencillo nos permitirá profundizar en el misterio del centro y del mandala. En efecto este punto medio del mandala está sometido a leyes distintas de las que rigen fuera, en el mundo polar de los opuestos. Los orientales creen que la realidad auténtica sólo existe fuera de la polaridad; por el contrario, en el interior de nuestro mundo normal dominan los dos grandes engaños, el espacio y el tiempo, que son los que tienden ante nuestros ojos el velo de Maya. En el centro del mandala tenemos un excepcional y misterioso punto de contacto entre los dos mundos, el mundo real de la unidad y el mundo externo de la polaridad. El individuo que logra centrarse completamente en el punto medio del mandala disfruta, aunque sólo sea por un instante, la posibilidad de abolir las limitaciones del espacio-tiempo y vivir la eternidad de ese instante en el aquí y ahora. Que es el objetivo de prácticamente cualquier ejercicio de meditación.

La experiencia nos enseña que los ejercicios de este tipo resultan mejor con mandalas vivos. Cuando miramos a una persona a los ojos, nos sumergimos en uno de los mandalas más vivos que existen. Pero ¡cuidado!, no hay que subestimar la eficacia de este ejercicio: Observe con exactitud las instrucciones.

En el centro del mandala, donde cesan y confluyen el espacio y el tiempo, es posible mirar a través de los tiempos y de los espacios. Mire a los ojos de su pareja, sin parpadear (lo que se llama fijar la vista). En ocasiones tendrá la sensación de que el rostro de la otra persona va cambiando, y usted va viendo otras etapas anteriores y posteriores de su vida. Podría ocurrir incluso que se observen aspectos más claros o más oscuros de su personalidad. Al principio esto resulta bastante insólito y no pocas veces hasta da miedo. Aquí no se trata de hacer ninguna valoración de lo que vea, toda vez que no se puede estar seguro de que esos ojos hayan sido realmente unas ventanas del alma; tal vez son espejos donde se ha mirado usted mismo o usted misma. Además, eso no tiene importancia por ahora, puesto que sólo se trataba de acercarse mediante una experiencia propia al misterio del mandala y a las peculiares cualidades del punto central.

Mientras no conozcamos con seguridad la transición entre polaridad y trascendencia del tiempo y el espacio deberíamos abstenernos de prolongar ese ejercicio más de diez minutos. Además, es aconsejable limitarlo a una sola pareja, al principio, y que sea siempre la misma. Para terminar la sesión se practicarán ejercicios de orientación con objeto de retornar correctamente al mundo de la polaridad.

De entre éstos el más indicado es el sencillo masaje de oreja. Comienza tomando los lóbulos de las orejas entre los dedos índice y pulgar de una y otra mano, hasta calentarlos y tonificarlos; luego se continúa en sentido ascendente por el borde del pabellón de la oreja, y por último hay que registrar con uno y otro dedo índice los recovecos y curvas. Lo cual viene a ser lo mismo que dar un masaje metódico en todo el organismo, puesto que la oreja contiene las zonas reflexológicas correspondientes a todas las regiones y órganos del cuerpo.

Una vez nos hayamos preparado interiormente para esta aventura del viaje al punto central y hayamos encontrado una pareja —esta otra persona debe compartir la disposición favorable, ya que va a tener vivencias parecidas a las nuestras—, podemos comenzar. Los oficiantes ocuparán sillas enfrentadas, la rodilla de uno rozando el borde del asiento del otro, y alternando las rodillas. En esta posición tan próxima usted yergue el busto y apunta un instante con el índice a su ojo izquierdo. Que es a donde dirigirá su atención la oponente, fijando ahí la mirada sin parpadear y sin comentar nada y sobre todo, sin desviar la vista. Toda la atención va dirigida al vacío, a lo negro de la pupila; pronto se notará que todo cuanto la rodea desaparece en la insignificancia. Sin embargo, no se trata de clavar la mirada, sino de mirar sosegadamente, serenamente. Y no hay nada que encontrar. Esperaremos, en actitud tranquila, a ver qué es lo que nos revela el centro del mandala.

Nota: Si mientras tratamos de no parpadear se nos escapan unas lágrimas, no hay por qué preocuparse. Las lágrimas también son mandalas y muy útiles, por cierto. Muchas personas, sobre todo las de sexo masculino, lloran poco y deberían aprovechar esa oportunidad. Llorar mucho no es extraño, no haber llorado nunca sí que lo es. ¿Para qué tenemos unas glándulas lagrimales, si no es para quitarnos el peso que nos agobia psíquicamente? Las gotas-mandalas buscarán su camino sobre las mejillas, que también son mandalas. Abrimos la válvula para desahogar el exceso de presión psíquica y ésta se expresa en forma de perlas simbólicas.

Pero si el ejercicio nos da risa, y con nuestra hilaridad estropeamos la concentración de la otra persona, sin duda estaremos ante una reacción de defensa. Es el temor a dejar el reino acostumbrado de la polaridad, donde hemos aprendido a manejarnos. Aunque también las lágrimas de risa siguen siendo mandalas.

El mandala-iris, mapa del cuerpo y del alma

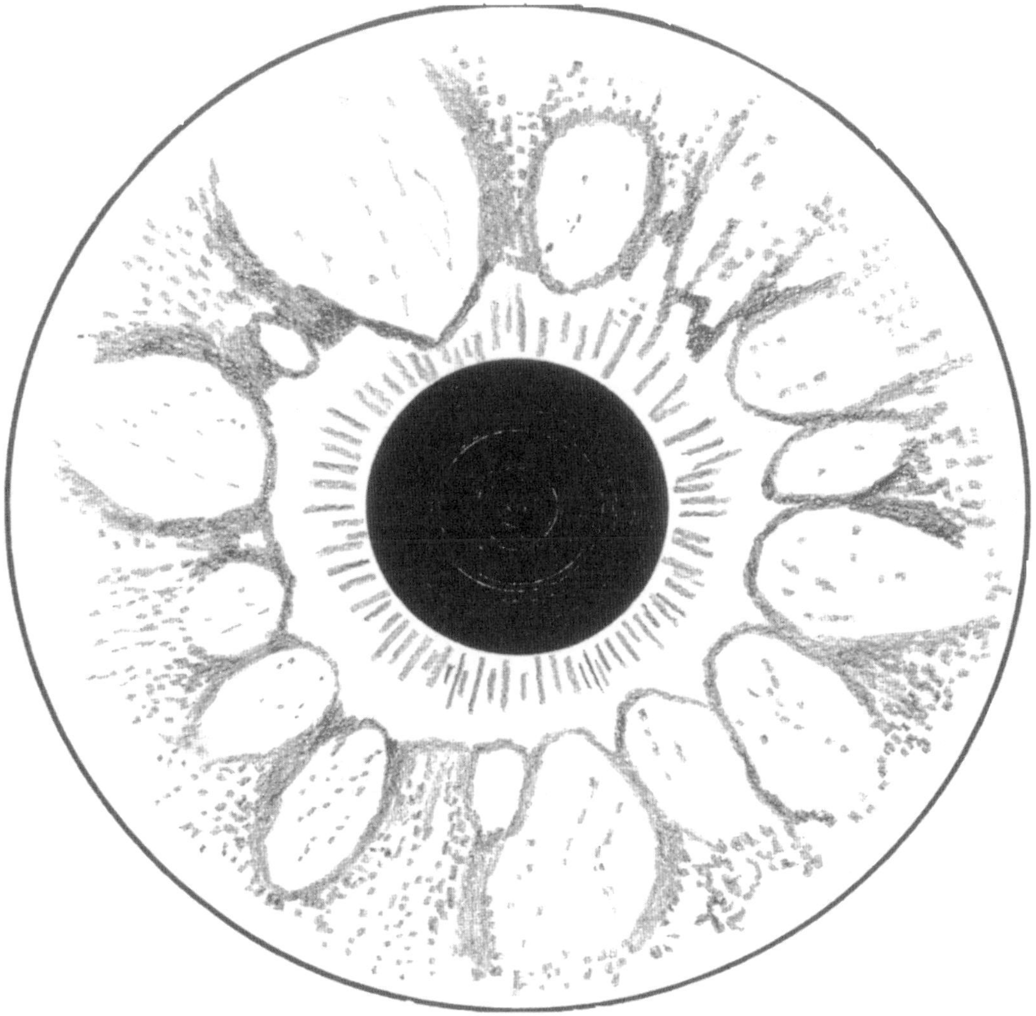

Continuación del ejercicio para los ojos

Si le ha gustado ese ejercicio sencillo, tal vez le interesará generalizarlo y tratar de sondear su profundidad. Elegimos otro mandala vivo, por ejemplo una flor, y nos inclinaremos sobre ella para entrar en una meditación. De nuevo descubrirá que los ojos son mucho más que la equivalencia de una máquina fotográfica. Usted no sólo puede mirar hacia dentro, o tener visiones. También puede mirar más allá de los límites normales de nuestra realidad.

Supongamos que con el tiempo logra contemplar la naturaleza esencial de la flor, a fuerza de mirar sosegadamente el centro de ese mandala que es la corola. Una vez más, es el punto medio quien franquea el acceso a esas experiencias misteriosas. Y también el secreto de la flor elegida está en su centro, naturalmente. Las personas muy sensibles llegan a reproducir la esencialidad de las flores de Bach y establecen una especie de comunicación directa con ellas, tal como le sucedió seguramente al mismo doctor Edward Bach.

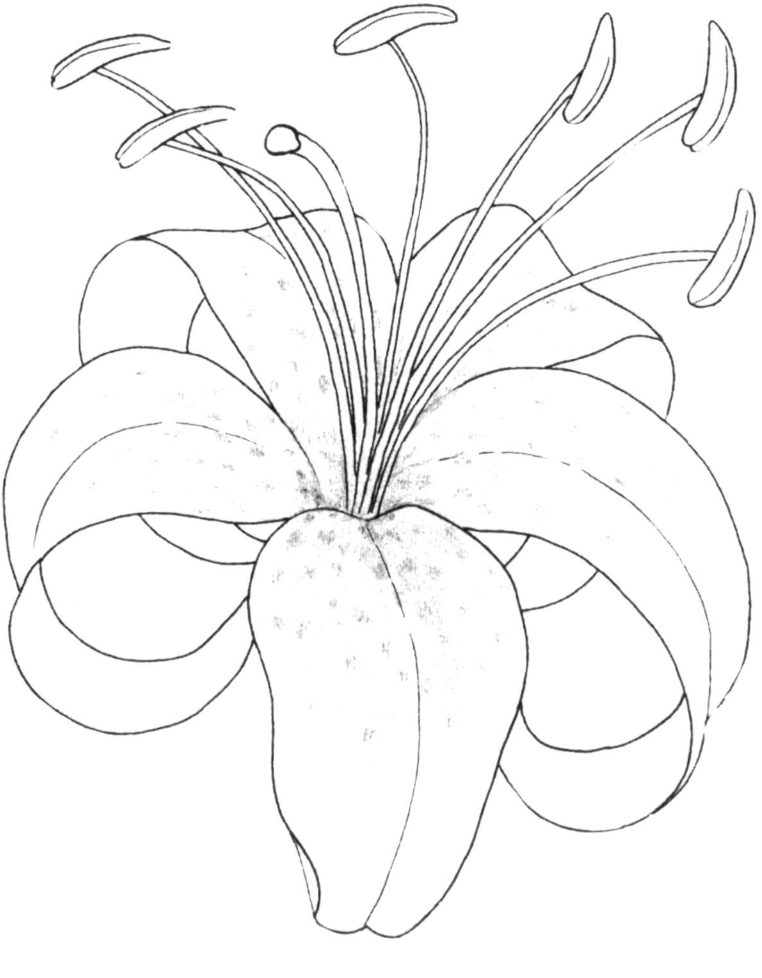

Mandalas-ojo del microcosmos y del macrocosmos

El ojo nos puede revelar, además, una sorprendente vinculación entre el microcosmos y el macrocosmos. ¿Acaso no se habla del ojo del huracán? Para referirnos a su centro, naturalmente.

Es un centro inmóvil, como el núcleo del átomo o el de la célula. En el ojo del ciclón está comprimida toda su fuerza, pero no se nota el viento. Todo gira alrededor de ese centro que no vemos ni notamos. Una vez más, es el campo del mandala en acción, con su centro misterioso. Como el del remolino de agua. Quien haya estado en el ojo de un huracán, si sobrevive para contarlo, tendrá una intuición de esa inmovilidad pero aún no habrá descubierto la explicación del secreto de esa fuerza.

Ejercicio para el mandala-ojo: profundización

Una vez practicada la meditación con el mandala de la corola floral y con el de una persona, y si tiene la seguridad de saber negociar las fuerzas que actúan en el reino del punto medio, en principio debería ser posible adelantar un paso más dentro del mismo juego. Podemos contemplar nuestro propio ser, en efecto, y así llegar a conocer rasgos nuestros que no nos eran tan próximos antes. Sin embargo, el ejercicio requiere alguna precaución, y sobre todo conviene no exagerar nada. Porque ahora no disponemos de un oponente sobre quien proyectar esos rasgos menos agradables. Mientras se enfrenta uno a semblantes de otras épocas de su vida, es decir, más jóvenes o menos jóvenes que uno mismo, la cosa puede resultar todavía entretenida y fácilmente aceptable. Incluso es posible que resulte útil darse uno cuenta de que todo nuestro pasado existe todavía: está ahí, podemos ponerlo en orden y así desprendernos de él. Y también el reconocer que ya vive dentro de nosotros el anciano sabio o la anciana sabia que seremos algún día, puede servir de ayuda para desenvolvernos en el aquí y ahora.

Cuando aparezcan nuestros aspectos luminosos con todas sus posibilidades celestiales, esa experiencia nos alegra y nos levanta el ánimo. Pero cuando veamos nuestro lado sombrío el susto puede ser de órdago. En tal caso, y sobre todo si el experimento produce terror invencible, lo mejor será tal vez interrumpir la sesión y dejar el enfrentamiento con nuestros aspectos tenebrosos para cuando contemos con ayuda terapéutica adecuada; o bien, prescindir en adelante de tal género de confrontación. Sin embargo, esta segunda opción no aporta ningún progreso consciente que resulte útil para recorrer el camino de la vida, como nos enseñan todas las grandes religiones y tradiciones. «Amad a vuestros enemigos», nos recomendó el Cristo. Pero nuestros peores enemigos y los más peligrosos son los lados oscuros de uno mismo. Los enemigos exteriores lo son precisamente porque ellos nos recuerdan los aspectos siniestros inconscientes de nuestro propio ser. Pero si yo me reconcilio con todas mis zonas de sombra, los enemigos del exterior dejan de existir.

Los chakras

Los orientales reconocen, además de los órganos físicos, otros órganos llamados *energéticos* o *chakras*. Alineados sobre la columna vertebral contamos cinco chakras: raíz o Muladhara en la base de la pelvis, seguido de uno umbilical y otro en la región del plexo solar. En el centro se localiza Anahata, el chakra cordial, y sobre éste el de la garganta. En la cabeza se ubican el llamado tercer ojo o Ajna y el chakra corona o Sahasrara-Padma en la cima del cráneo. Los individuos sensibles notan la presencia de todos ellos y muchos consiguen visualizarlos, en cuyo caso los describen como ruedas de energía que giran y tienen distintos colores. La mayoría de las personas llegan a notar una cierta irradiación de calor al colocar la palma de la mano directamente sobre la cima del cráneo.

Simplemente coloreando los chakras según la dirección del flujo de energía, es decir, de abajo arriba, puede ser suficiente para desarrollar un contacto más profundo con esos centros de energía nuestros. Incluso puede usted tratar de darles los colores «correctos» que indicaban los rishis o videntes de la antigüedad hindú. Los hallará en letra pequeña al pie de cada chakra. A lo mejor, mientras colorea un chakra notará en qué disposición se encuentra con respecto a la región corporal que aquél controla.

Ajna, el sexto chakra o tercer ojo

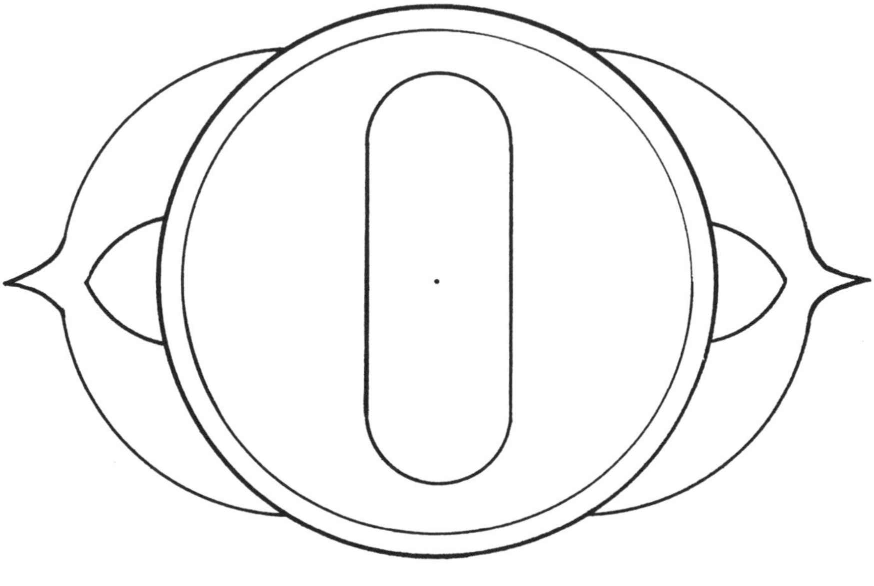

Colores. Lingam central y pétalos laterales de la flor de loto: azul celeste. Campo circular central: blanco.

Los demás chakras, de abajo arriba
Muladhara o chakra raíz

Colores. Cuadrados: azules. Pétalos: rojos.

Swadisthana, segundo chakra

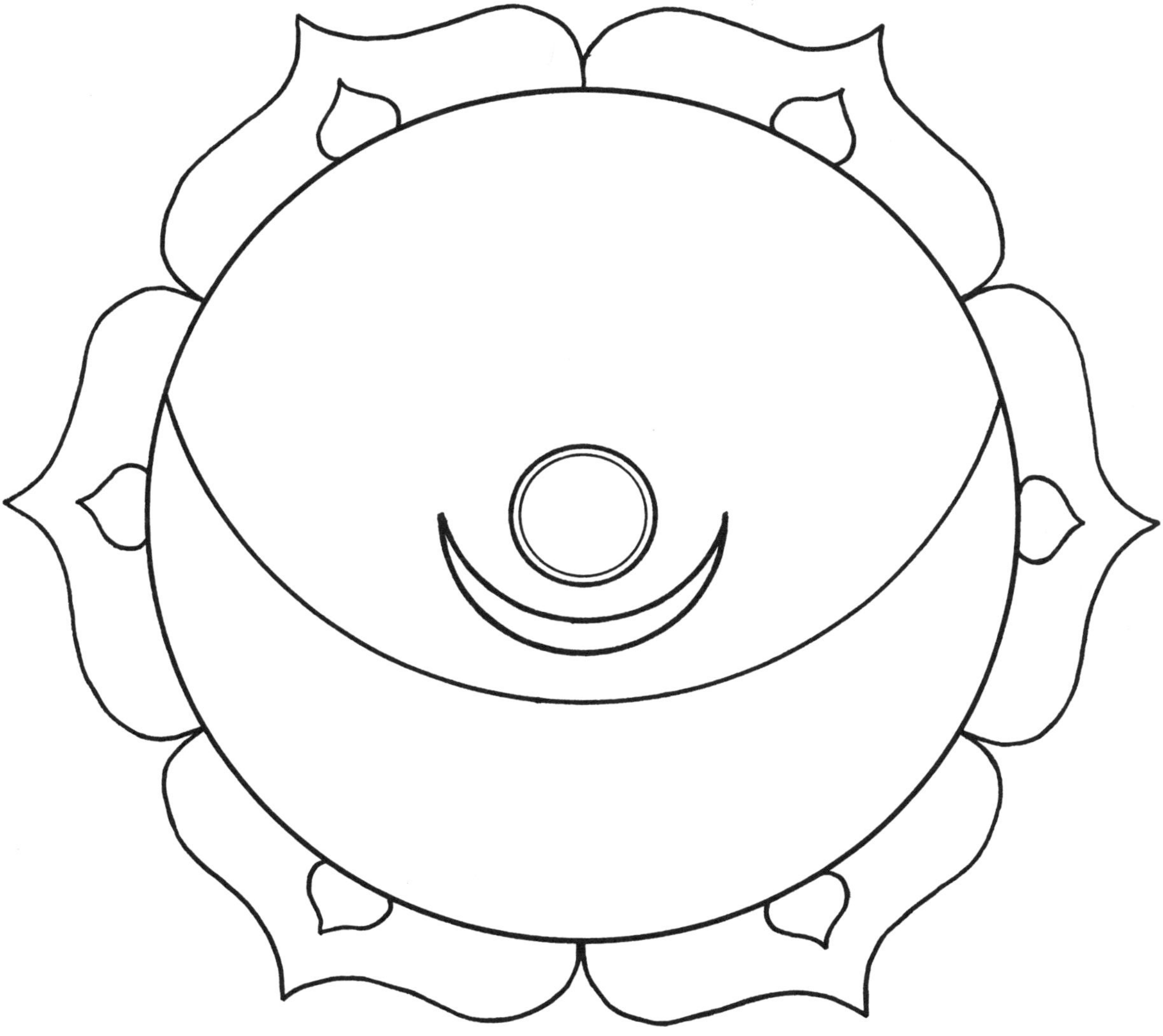

Colores. Centro: blanco. Medias lunas: azul celeste. Pétalos: rojos.

Manipura o plexo solar, tercer chakra

Colores. Triángulo: rojo. Pétalos: azules.

Ejercicio para Anahata, corazón o cuarto chakra

1.ª parte:

En una postura de meditación, visualice con el ojo interior a una persona amada sentada delante de usted, que está mirándole directamente el chakra cordial o Anahata. Visualice ese centro de energía en medio del pecho, con su cálidos tonos rojos; incluso tal vez logre hacer que gire con la imaginación. Al mismo tiempo se representará el mismo chakra en el centro de su propio pecho, y permita que su rueda de energía capte y respete la de su oponente.

Con el tiempo experimentará la formación de un vínculo energético entre ambos. Tómese tiempo para disfrutar de ese flujo.

2.ª parte:

Repita el ejercicio, pero en vez de imaginar a una persona amada haga lo mismo con una persona vehementemente rechazada por usted. Realice el experimento correspondiente de corazón a corazón: ¿tal vez averiguará qué es lo que se interpone entre esa persona y usted en el plano cordial? O tal vez tendrá la sorpresa de descubrir que apenas existe un problema en ese plano, o no existe en absoluto.

Anahata, corazón o cuarto chakra: el punto medio energético

Colores. Hexagrama: verde intenso. Círculo: blanco. Pétalos: rojos.

Vishuddha, garganta o quinto chakra

Colores. Centro: blanco. Media luna: plateada. Pétalos: violeta.

Sahasrara-Padma, corona o séptimo chakra

Colores. Círculo central: blanco. Pétalos: en todos los colores del arco iris.

Los mandalas-corona en las distintas culturas

Por algo el chakra corona se llama también el loto. Ambas denominaciones subrayan su carácter de mandala. Cuando el chakra superior está abierto, la tradición cristiana ve un halo de santidad. La corona que todavía hoy ciñe las cabezas reales no es sino una pálida imitación de la aureola; en el decurso de los siglos, mientras decaía el nivel de evolución de las cabezas coronadas, las coronas se fabricaron cada vez más espléndidas, como por vía de compensación. De oro, por supuesto, que es el metal del principio solar, y también consteladas de piedras preciosas para que reluciesen más. Aunque la corona real, como la de laurel, sea un mandala, y casi todas las piedras preciosas estén talladas en forma de mandalas, los resultados en cuanto a brillantez son más bien modestos en comparación con el esplendor del séptimo chakra abierto.

En los budas esta condición viene indicada por la serpiente de Kundalini que se yergue a sus espaldas y da sombra a la cabeza con su majestuosa gorguera dilatada de cobra real. En esa imagen contemplamos también la redención de la serpiente que no ha de seguir arrastrándose sobre su vientre y comiendo del polvo de la tierra según la maldición bíblica, sino que se alza en símbolo de la iluminación y la unidad. He aquí el origen de los encantadores de serpientes indios. El tocador de flauta representa un ritual que en realidad se desarrolla o debiera desarrollarse dentro de él mismo y de cualquier otro humano.

El mandala-serpiente

La serpiente, rebajada por el cristianismo a simple prolongación del brazo de Satán, en otras muchas tradiciones tiene una variante liberada; como por ejemplo, cuando se muerde la cola y se convierte en el símbolo Uroboros del esoterismo occidental. En esta configuración mandálica viene a decirnos que el principio y el fin son una misma cosa, o que la vida perfectamente realizada no conoce principio ni fin. Como ejemplo de la gran difusión de este simbolismo en muchas tradiciones remotas, véase el siguiente mandala tomado de una figura de los aborígenes australianos: hombres de los orígenes, como ellos se llaman a sí mismos.

En la tradición occidental tenemos algo parecido a las representaciones del Buda con la cobra Kundalini erguida, y es el caduceo de Hermes: las dos serpientes entrelazadas simbolizan los canales energéticos Ida y Pingala, que van a encontrarse en el centro del chakra corona y representan así la realización suprema. La vara de Esculapio, que es el símbolo internacional de los médicos en este mundo, remite a la misión del médico: lograr la subida de la serpiente, es decir, liberarnos de los aspectos más bajamente materiales y sublimarnos. Como todavía ocurre, por ejemplo, en la homeopatía, donde el remedio se libra paso a paso de su materialidad mediante la dilución sucesiva, y en la interpretación de cuadros patológicos que filtra los síntomas somáticos para extraer de ellos el mensaje psíquico que expresan.

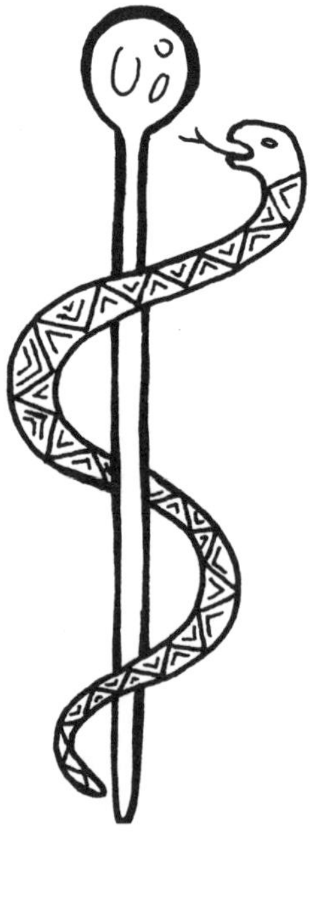

Serpiente mandálica de los aborígenes guardando sus huevos

Vivir en un mandala

En un principio el humano, él mismo mandala, eligió vivir en un mandala. Aunque adquiriese cultura en el decurso de su historia evolutiva, al mismo tiempo permanecía cercano a la naturaleza (e incluso hoy día sigue estándolo más de lo que muchas veces gusta reconocer). Como todos los seres naturales, buscó en la naturaleza espacios en donde vivir. Y más tarde, cuando se vio en condiciones de darles la forma que quisiera, siguió imitando las formas naturales. Casi todos los animales usan viviendas de forma mandálica; pensemos en los nidos de los pájaros, en las madrigueras de los gusanos, las serpientes y los roedores, los panales esféricos de las avispas, los túmulos de los topos, las cuevas donde se refugian los mamíferos. Siempre acabamos metidos en el mandala.

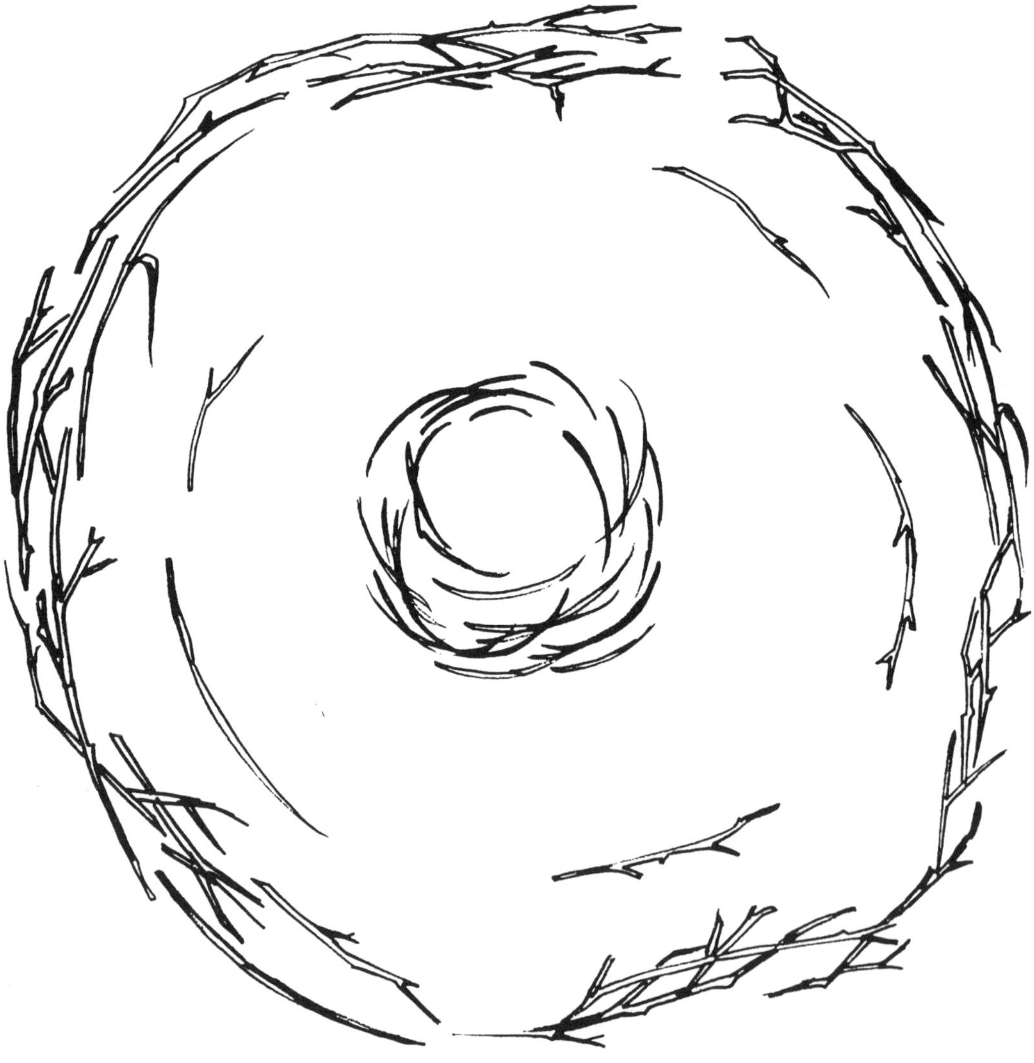

Del mandala hexagonal de las avispas al dominio humano

El mismo hexagrama que para los humanos simboliza la unión de los cielos y de la tierra, estrella de David formada por un triángulo equilátero de pie y otro invertido, determina la forma de las celdillas en los panales de las avispas y las abejas, y también tiene aspecto mandálico el panal mismo.

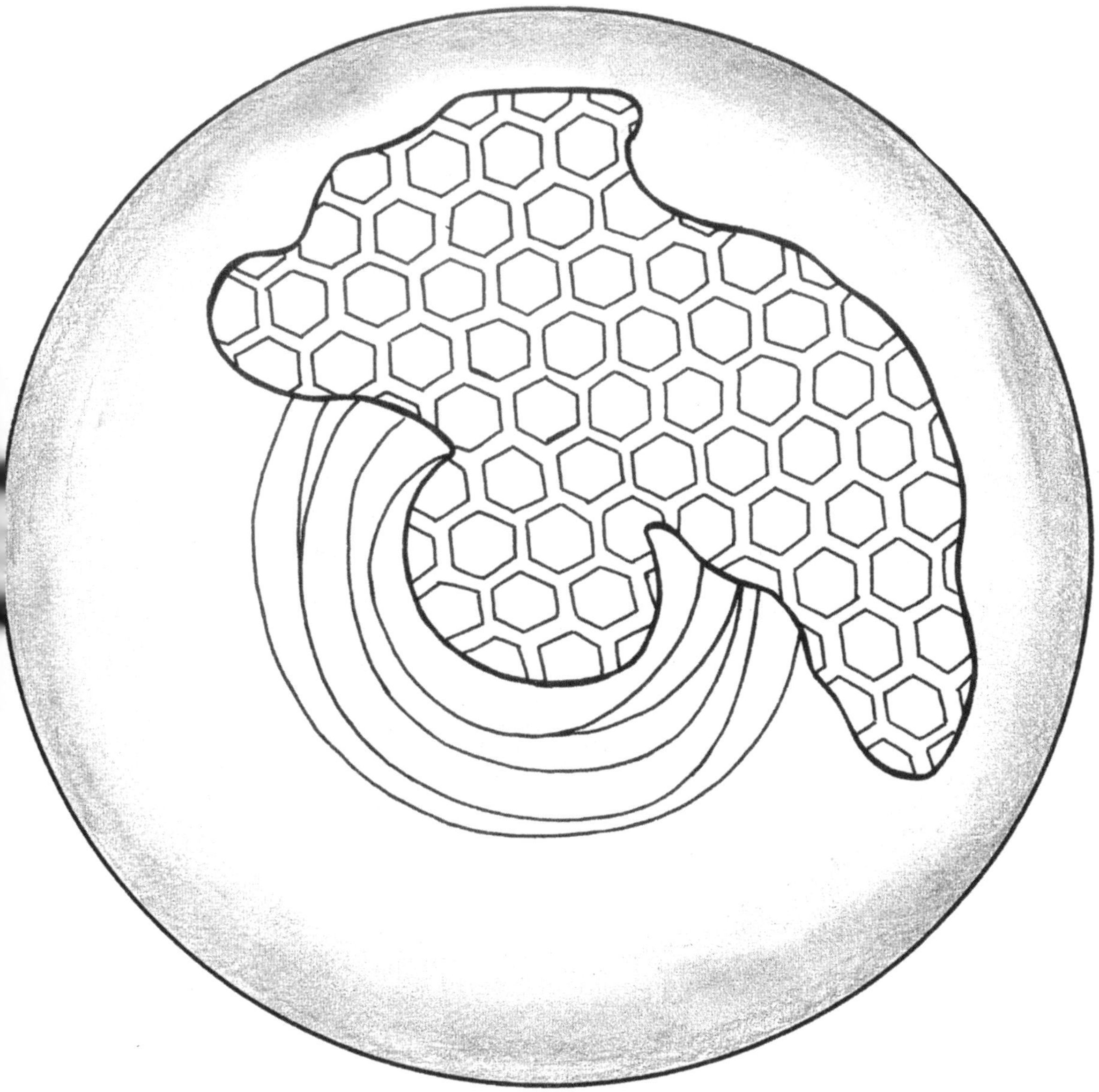

Las mudanzas de los humanos de mandala en mandala

Como las viviendas de los animales, las residencias humanas también fueron mandalas originariamente, sin excepción, y lo mismo las de los dioses. Pero mientras los animales y los humanos buscaban refugio en las numerosas cavernas de la madre naturaleza, en cambio los dioses prefirieron las cimas de los montes, que así se convirtieron en montañas sagradas. Vistos por arriba son mandalas tanto el Olimpo como el Fuji, el Aranajula como el Kailash. De vez en cuando, los humanos trataban de acercarse a los dioses y se mudaban a vivir allí arriba, aunque casi nunca en la misma cima, sino hacia la mitad de la altura, como podemos ver en los monasterios griegos del Athos y el Meteora, o en los eremitorios de Bhutan, adecuadamente llamados «nidos de tigres».

Pero qué duda cabe de que la primera residencia humana es el óvulo, un mandala perfecto. La fecundación por el espermatozoide masculino representa un momento de excentricidad, pero aquél regenera enseguida su forma estable de mandala. Y aunque la cadena de las divisiones subsiguientes parece desorganizarlo un poco, pronto recobra esa forma cuando se ha convertido en mórula.

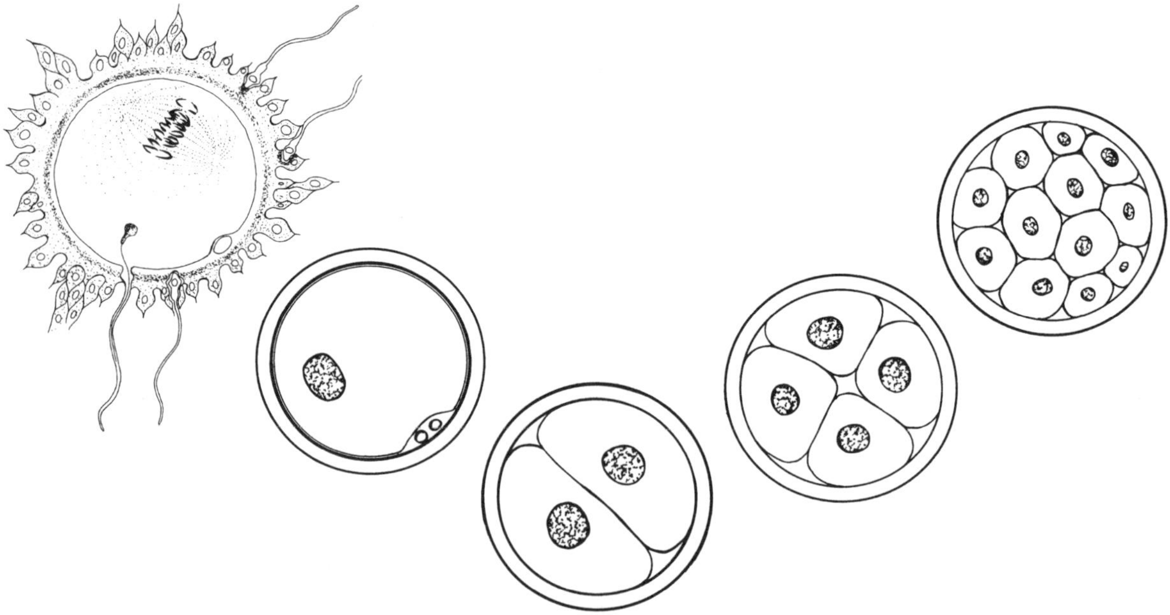

Crecer en el mandala

Cuando la mórula se convierte en embrión la estructura interior mandálica se mantiene: la residencia del nuevo ser que crece es también un mandala; lo son su primera cueva, el saco amniótico, y la matriz que lo rodea. La barriga de la madre, al mismo tiempo, va tomando un aspecto estupendamente mandálico.

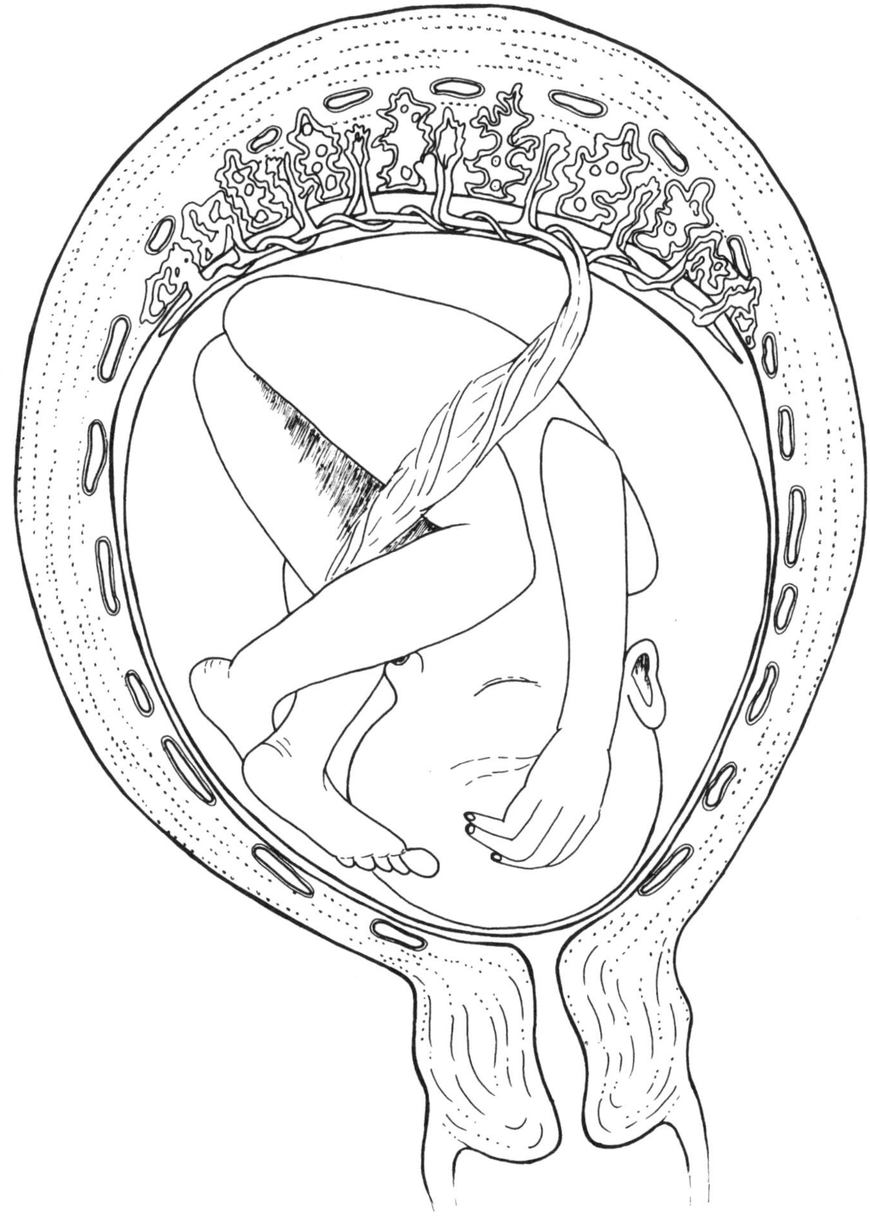

La ancestral necesidad humana de unidad en el origen

En tanto que mamífero típico el ser humano aun después de abandonar la cueva protectora del útero sigue necesitando algo similar. Al principio sin duda preferiría regresar al refugio caliente de donde salió, y unos progenitores atentos tratarán de proporcionarle un nido que se asemeje en lo posible. En ese nido todo ha de ser redondo como un mandala incluso en sentido figurado. La mejor solución sería la de la hembra canguro con su bolsa externa que sustituye el interior del útero. Y en efecto los individuos de las sociedades arcaicas eligieron esa vía y han imitado el marsupio con bastante éxito mediante grandes pañuelos en que envuelven a la criatura para atársela al costado o a la espalda. Hoy día muchas madres modernas en los países industrializados emulan ese comportamiento marsupial, para que sus vástagos puedan experimentar al menos durante algún tiempo la sensación de acogerse a una cueva. O dicho de otro modo, tratan de comunicarles el sentimiento de la redondez mandálica para que se encuentren protegidos en ese inicio de la vida.

Sin embargo, tarde o temprano, el humano debe abandonar la primitiva cueva mandálica, aunque sea sólo en apariencia. Pero siempre tenderá a ella cuando busque la regeneración de sus orígenes y el fundamento de su vida. Los primitivos se recogían en las cavernas que ponía a su disposición la madre naturaleza; por lo general eran de forma redonda y ellos encendían hogueras para alcanzar algo semejante a las condiciones acostumbradas. Todavía hoy la vivienda de muchas personas se asemeja a una caverna confortable, lo cual se pone de manifiesto sobre todo en los dormitorios, ese lugar de la casa destinado expresamente a la regeneración y que garantiza la regresión nocturna. Antiguamente los reyes y los campesinos usaban cama con dosel para reforzar todavía más esa impresión.

En cualquier caso la cama reproduce el útero materno. Algunas personas forman el mandala incluso con la actitud corporal, cuando se repliegan a dormir en la postura fetal. Los muy necesitados de protección incluso visten la cama con doble envoltura, colchón abajo, edredón arriba, para reproducir más fielmente la blandura del seno materno. Todos nosotros regresamos todas las noches, más o menos conscientemente, pero siempre de manera visible, a la Gran Madre, en cuya bolsa matriz buscamos el refugio de la unidad.

Viviendas-mandala

Cuanto más próximo a la naturaleza y con ello a su propia naturaleza vive el humano, más se aproximan sus viviendas a la forma mandálica. Apenas salió de la caverna, el homínido intentó construir recintos semiesféricos, logro no siempre fácil a falta de materiales idóneos. Los esquimales del Ártico tuvieron un material ideal, y sus iglús pueden considerarse tentativas bastante logradas. En especial si consideramos que la nieve está formada de cristales estrellados, mandálicos, por consiguiente, y da gotas de agua al fundirse. Aunque no vale la pena destacar ese hecho, teniendo en cuenta que toda la materia está hecha de átomos que son mandalas. Las típicas viviendas-mandala del kral sudafricano son bastante fieles a la pauta originaria, lo mismo que los tipis de los amerindios.

Vistas las casas desde la perspectiva divina no es fácil distinguir si es un kral africano, o un círculo de tipis indios, o una primitiva aldea germánica de cabañas redondas.

La circunferencia y la recta

En muchos sentidos nosotros los modernos hemos renunciado a vivir en el mandala, aunque nunca nos libraremos del todo de él, como es natural. Nuestra vida cotidiana está presidida por el ángulo recto y la línea recta. Lo que pasa es que ni la línea recta ni el ángulo recto existen en realidad; todo se funda en una ilusión de los sentidos. Basta una ojeada al horizonte para persuadirnos de que la recta es una circunferencia en realidad, si la prolongamos lo suficiente. Un avión que vuele en línea recta, es decir, con rumbo constante, acabaría rodeando la tierra en un vuelo circular, verbigracia mandálico.

Así pues, la recta en último término es una ilusión o tal vez sería mejor decir un error de juicio; no obstante determina nuestra vida cada vez más. El etólogo Konrad Lorenz advirtió las nefastas consecuencias que puede acarrearnos el vivir enjaulados en el momento que reemplazamos las formas redondeadas de la caverna por habitaciones paralelepípedas donde no hay intimidad ni protección. Alguien dijo que los adictos a la caja tonta acabaremos teniendo la cabeza y los ojos cuadrados; desde el punto de vista psíquico ese chiste presagia un triste porvenir.

En las edificaciones de carácter sacro suele conservarse mejor la planta mandálica: techos con cúpulas, mosaicos en el suelo, bóvedas y rosetones la ilustran. Así se nos aparecen en todos los continentes conforme pasamos de la naturaleza a la cultura. El visitante de las pagodas chinas, las ciudades sagradas de la India y las catedrales cristianas encuentra la redondez mandálica a cada paso. Por algo se habla corrientemente de «los círculos» culturales.

Mandalas del ocio

En los aspectos no tan severamente controlados y ordenados de nuestra vida, digamos durante nuestro tiempo libre, tendemos a recuperar el mandala ancestral. Así como los animales se reúnen a beber en los oasis, también los humanos de todos los grados de evolución gustan de formar corro alrededor del fuego en las excursiones. Nuestras mesas, excepto las destinadas a almuerzos de trabajo o juntas de los consejos de administración, siguen siendo muchas veces tan circulares como la famosa Tabla Redonda de los caballeros del rey Arturo. Por lo general se sirve la comida en platos circulares y también son figuras de revolución los vasos, las copas, las tazas y los jarrones. En las cocinas más exigentes, como la francesa, se tiende, además, a la disposición circular de los servicios de mesa; pero incluso un condumio tan popular como la pizza italiana tiene forma y adornos en figura mandálica.

Cuando se trata de dar solemnidad a una celebración recurrimos casi siempre a la figura del mandala; los pasteles de boda de múltiples pisos son mandalas, pero también las tartas de cumpleaños con sus velas dispuestas circularmente. Recordemos de paso que toda lámpara es por naturaleza un mandala, por ejemplo la bombilla eléctrica y cualquier chispa de luz que se propaga en el espacio como una diminuta explosión.

La pizza como obra de arte simbólica

Los mandalas de la vida cotidiana

Nuestra vida cotidiana está llena de mandalas en los que no solemos fijarnos. Los desagües de los fregaderos y cuartos de baño lo son y el agua se despide a través de ellos formando un remolino mandálico. Lo son todas las ollas, casi todos los grifos antiguos y modernos, y los pulsadores que manejamos diariamente en coches y equipos de música.

El que gira un botón gira un mandala. Los botones de la ropa son mandalas lo mismo que los mandos de la cocina y el aseo. De todos los grifos brota una lluvia circular. En la calle, cada tapa de alcantarilla y cada semáforo presentan el simbolismo mandálico a nuestros ojos, que también son mandalas.

Mientras conducimos llevamos entre los mandos un mandala y rodamos sobre cuatro de ellos. Los trenes ruedan sobre un mayor número de ellos; hasta los aviadores ruedan sobre mandalas antes de despegar de la madre tierra, pero siguen dependiendo de otros mandalas para el vuelo: las hélices y las turbinas son mandalas tremendamente veloces. E incluso cuando, saliéndonos de nuestras propias creaciones, soñamos objetos volantes no identificados, casi siempre les damos esa forma primordial.

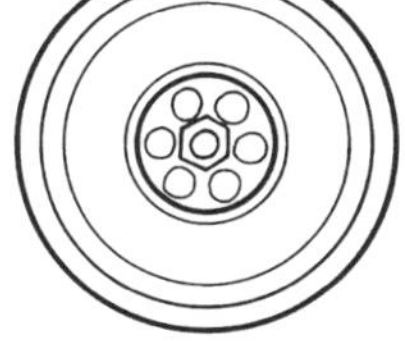

Mandalas valiosos

El mundo tecnificado de nuestros días tampoco puede concebirse sin los mandalas, y no estamos pensando sólo en el engranaje al que todos, en un sentido u otro, vivimos enganchados: todo el desarrollo de nuestro progreso depende de la rueda y con ello, en último término, del mandala.

Si todos los mandalas dejaran de girar, si se inmovilizasen todas las ruedas, sería el fin inmediato de todo el mundo moderno. No podemos existir sin mandalas, lo que pasa es que por lo general no lo tenemos presente.

Hay países que se califican corrientemente de desarrollados, siendo así que ese calificativo se refiere casi en exclusiva a la situación tecnológica y económica, ya que por lo demás, y sobre todo en lo que se refiere a los valores espirituales y humanos en general, vienen a ser países subdesarrollados y muy necesitados de un poco de desarrollo. Pues bien, incluso en el aspecto económico que es el principal, y con mucho, para la mayoría de los materialistas, todo está determinado por unos mandalas desde el principio. En prácticamente todos los países del mundo, el dinero acuñado fue el origen de la economía monetaria. Pero todas las monedas tienen forma de mandalas. En su origen, de oro, el metal que representa el principio solar y la unidad. Las primeras monedas de oro sirvieron a los fines del culto y simbolizaban la perfección de la divinidad y de su creación. Y aunque hoy día poseemos sistemas de pago más perfeccionados, la magia del dinero sigue desempeñando un rol principal. Es uno más de los mandalas cuya magia encontramos presidiendo los comienzos históricos de la evolución humana.

Monedas antiguas y modernas.

El camino como mandala

Miremos donde miremos, no nos libramos de esa pauta fundamental. Por tanto, no es de extrañar que la forma idónea para representar el camino de la vida sea también un mandala.

Prácticamente todos los mitos de la creación eligen esa forma, consciente o inconscientemente, como imagen del camino; ni siquiera los mitos contemporáneos constituyen una excepción, cuando se describe el origen de todo como una gran explosión. Así que súbitamente y sin que sepamos por qué, hubo un estallido y desde entonces todo lo que existe se aleja del punto originario a gran velocidad. Los astrofísicos han demostrado que todos los cuerpos celestes del universo se alejan los unos de los otros; podemos comparar esta situación a lo que ocurre al hinchar un globo de goma: los puntos de la superficie se alejan del centro y, al mismo tiempo, los unos de los otros.

También se nos dice que llegará un momento, en un lejano futuro, en que cesará ese movimiento de expansión y toda la creación colapsará volviendo a su punto originario. Lo aseguran, al menos, científicos como Stephen Hawking. Con lo cual retornamos al mito de la creación de los antiguos hindúes, según el cual todo lo creado es un soplo de Brahma. De momento nos encontramos en la fase de exhalación, y cuando le suceda la inhalación habrá terminado la era o yuga presente. En principio los mitos de todos los pueblos recurren a imágenes similares a ésta para explicarlo: la creación es un proceso mandálico que, como todas las cosas vivientes, obedece a unos ritmos.

Mitos de la creación entre los pueblos

Desde los pobladores primitivos hasta los mitos de las grandes religiones contemporáneas, siempre se representa la creación como un mandala. Véanse tres ejemplos de figuras dibujadas por los indios navajos con arenas de colores. Explican la creación diciendo que todo proviene del lugar sagrado central, de donde se engendran las cuatro plantas de la cultura que crecen entre las cuatro montañas sagradas, rodeadas por la figura circular de la soberana del arco iris, que mantiene unida la creación. Siempre se deja abierta la figura hacia el Oriente, hacia la luz.

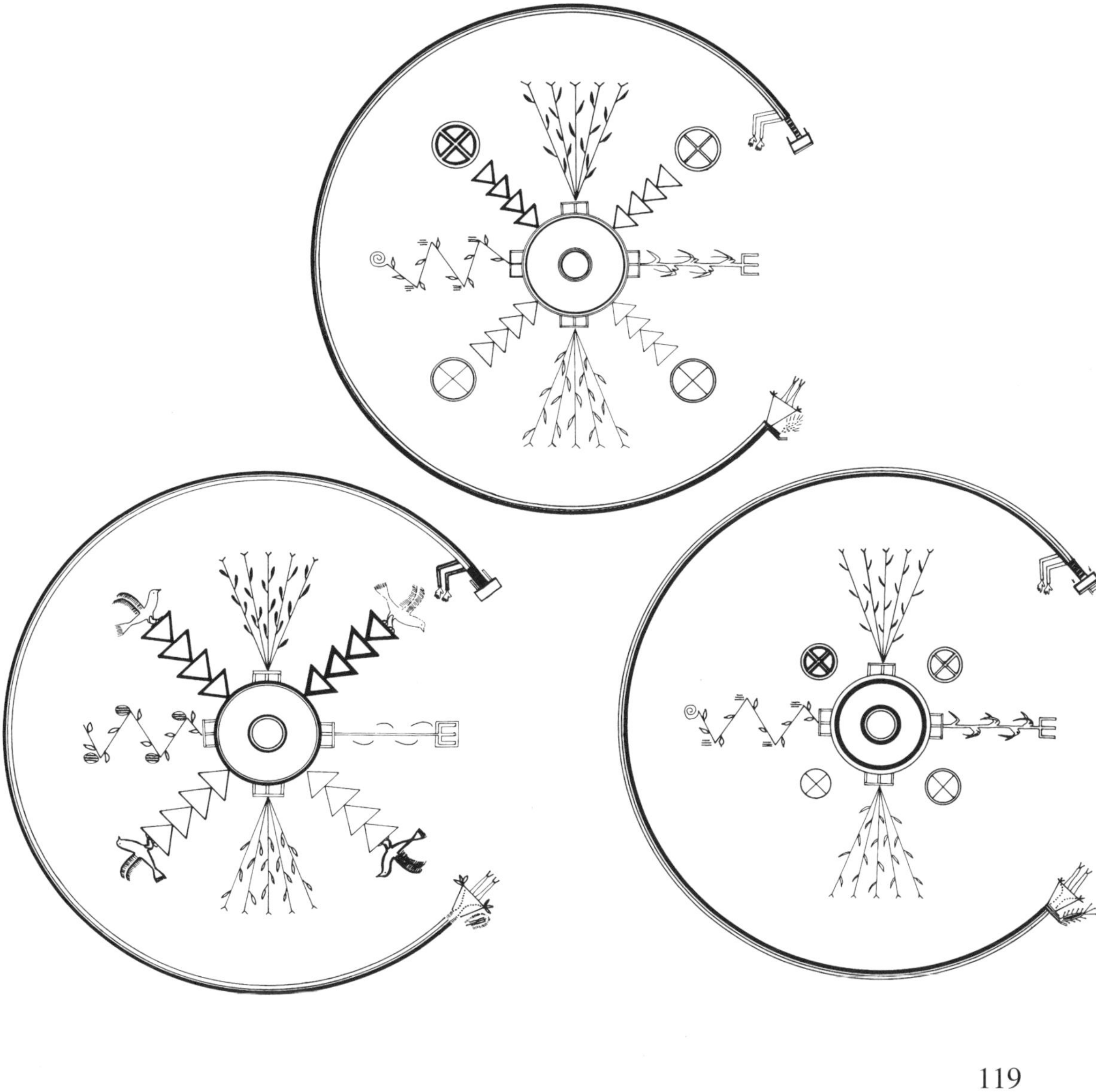

Mitos mandálicos

Si nos volvemos con atención hacia la mitología cristiana, veremos que tiene fundamentos no menos profundos que los de la ciencia. En el Paraíso, el Adán andrógino formado de barro rojo dio los primeros pasos hacia la polaridad. Primero perdió un costado, o una costilla en la versión libre de los traductores bíblicos, y así nació Eva. A continuación, ambos gustaron del árbol de la polaridad, o de la ciencia del bien y del mal, por lo cual fueron expulsados simultáneamente del mundo de la unidad, donde aún no existían las contradicciones ni tampoco la valoración de lo bueno y lo malo. Una vez en el círculo del mundo exterior, Dios les adjudicó explícitamente la misión de dominar la tierra, para un futuro regreso a la unidad.

Es dudoso que esto de dominar la tierra significase humillarla y esclavizarla como estamos haciendo nosotros. También podría significar el mandato de superar la polaridad y restablecer la unidad en un nivel más alto. Al menos, el Nuevo Testamento lo dice expresamente: «Si no os volviereis como los niños no entraréis en el Reino celestial de Dios». Desde la perspectiva mandálica esto únicamente puede significar: Que es preciso recorrer todo el camino hasta el borde periférico, o abismo, para retornar luego y volver a encontrar en el centro la unidad, o el Paraíso, o jardín del Edén o reino celestial.

Si, además, tenemos en cuenta que la Biblia nos indica que el reino de Dios se encuentra dentro de nosotros, veremos que nuestras Escrituras están más cerca del mandala de lo que pudiera parecernos a primera vista. No es necesario acudir a los Vedas ni a los Sutras del budismo.

Los dioses de la Antigüedad que proporcionan la mayor parte de nuestra sustancia mítica aparecen relacionados con el mandala a través de su vinculación con los planetas.

Saturno, el guardián del umbral, con sus lunas-mandalas

Nuestra Luna, fuente de muchos mitos

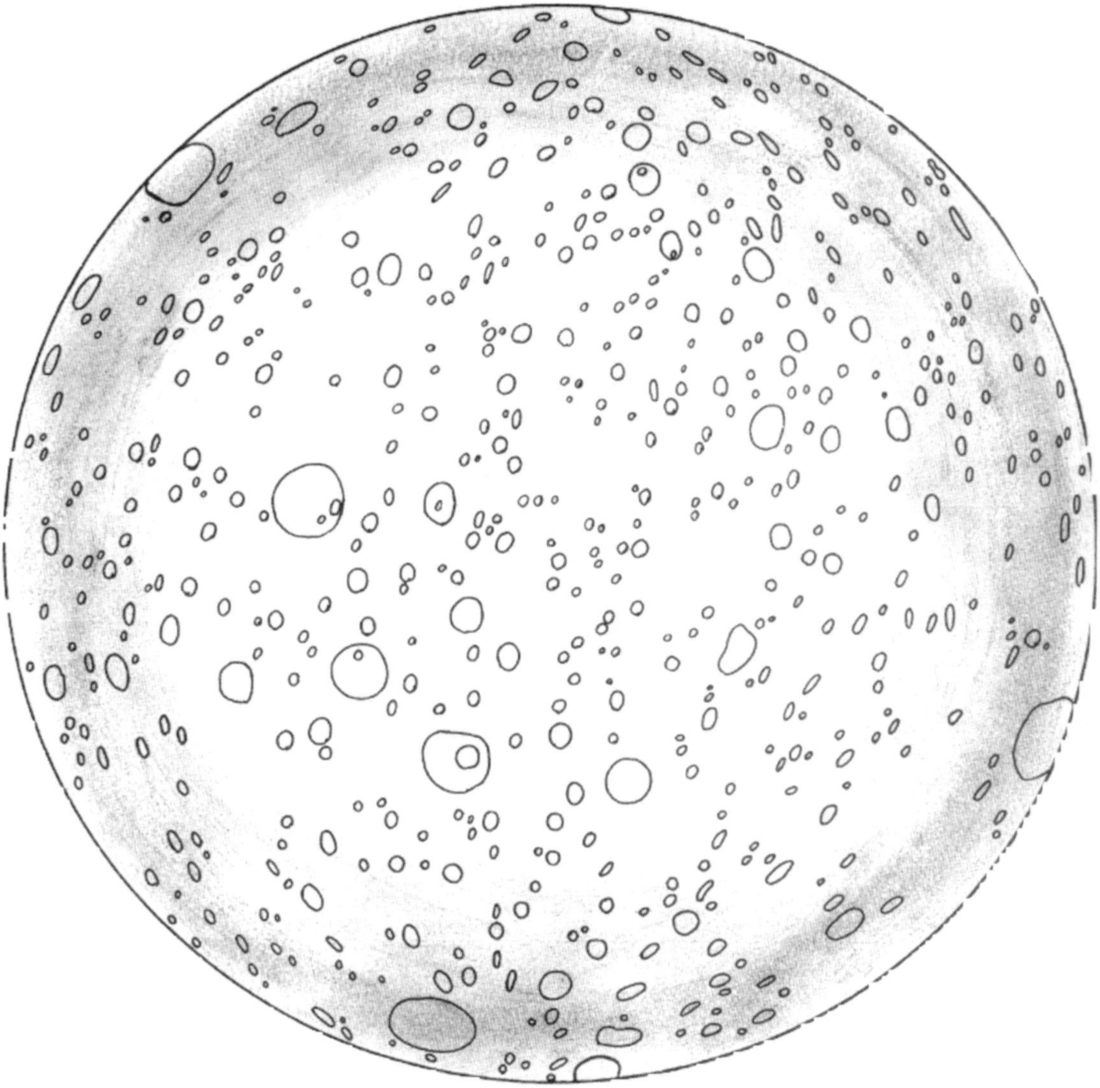

Como todos los cuerpos celestes la Luna es un mandala, cuyo rostro puntean las huellas mandálicas de incontables cráteres causados por impactos de meteoritos.

La creación desde el punto de vista hermético

Los mandalas siguientes reflejan el intento del ocultista inglés Robert Fludd, que quiso conciliar y unificar el mito judeocristiano de la creación según el Génesis con la interpretación gnóstica del *Poimandres* de Hermes Trismegisto (cf. David Maclagan, *Schöpfungsmythen,* Munich 1985).

El primer mandala representa el caos, donde se origina la tierra entre una aparente confusión de anillos de lo caliente y lo frío, lo húmedo y lo seco.

La visión del cosmos

El segundo mandala nos desvela el comienzo del cosmos, que representa una identidad entre los aspectos de lo absoluto y lo individual.

Irrumpe en el mundo la primera luz creada

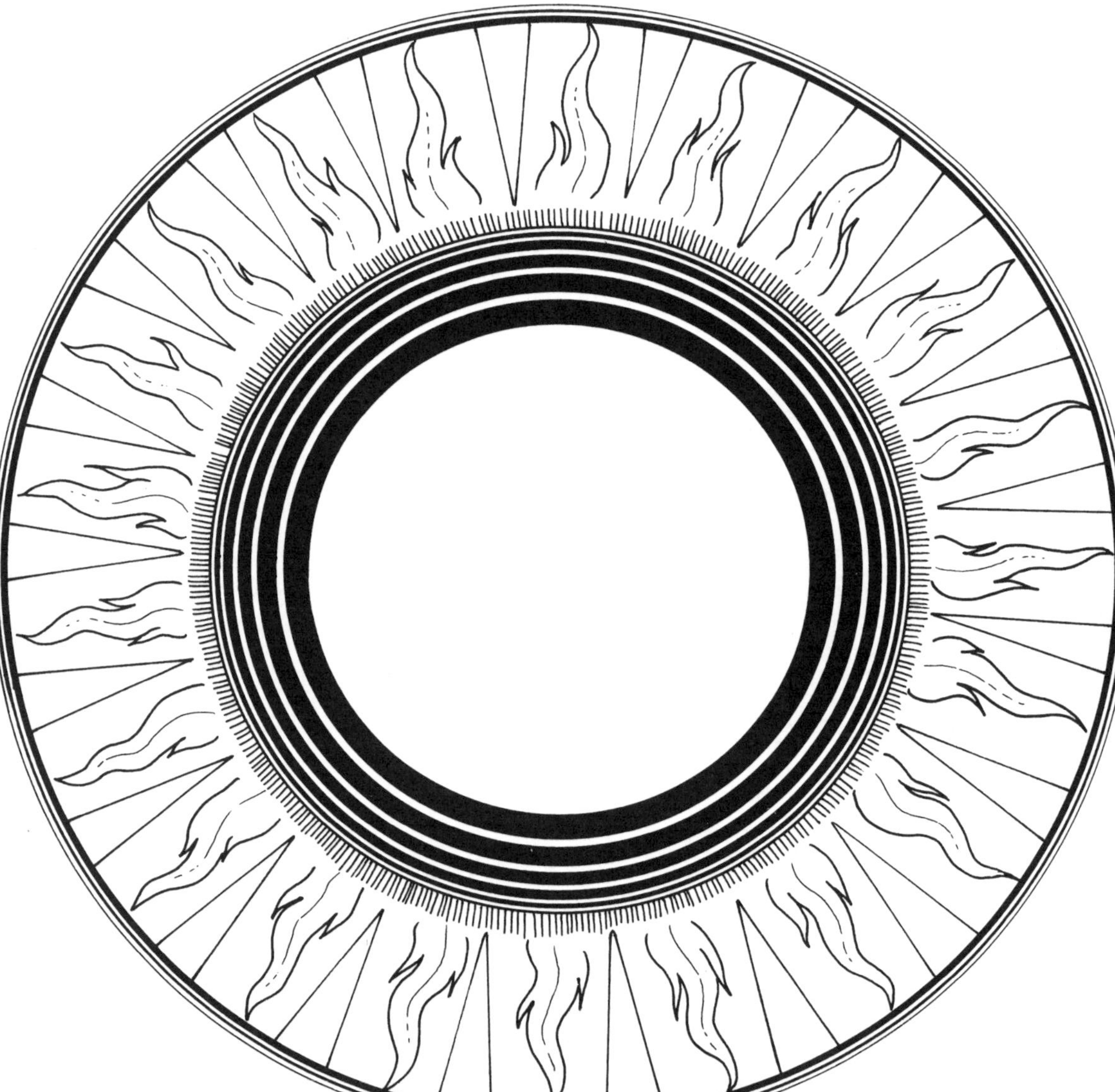

Aparición de los cuatro elementos

Mandala: muchos caminos, una sola meta

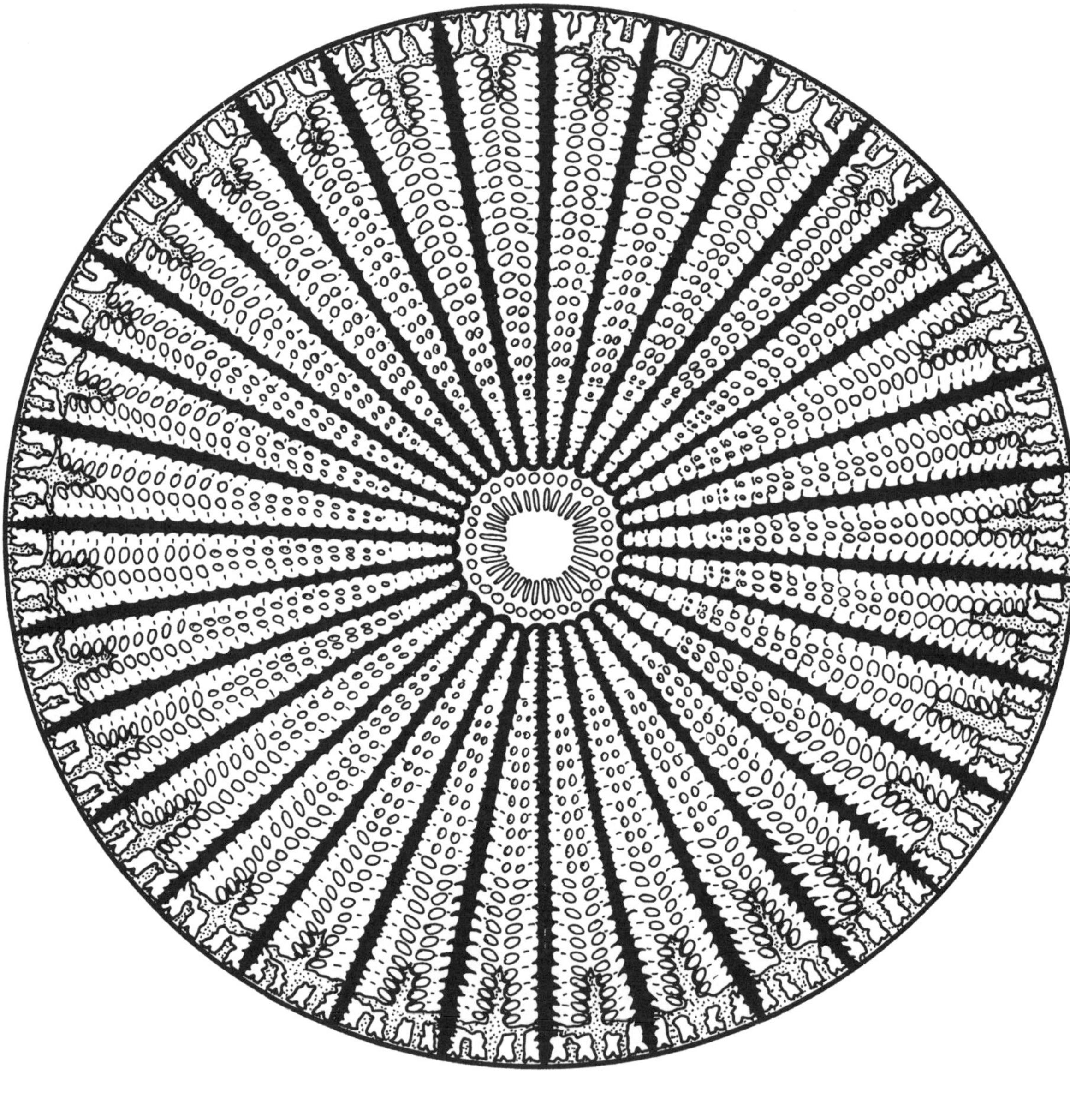

Concha de un radiolario.

El centro del mandala, o la misma meta para todos

Contemplemos este último mandala tomado de la naturaleza y dejemos que surta su efecto. Tal vez entenderemos entonces por qué todas las escrituras sagradas eligieron ese modelo para la descripción del Camino. En las de los orientales queda más claro que todos los caminos llevan al mismo centro. Si consideramos el punto medio como unidad tendremos que sólo puede existir un centro, como una sola unidad (aunque ésta sea lo opuesto de la polaridad). Las matemáticas corroboran que esto es así y que el punto medio, el centro, en realidad no es de este mundo. Ya que el punto es unidimensional y, por tanto, no puede pertenecer a este mundo polar, donde todo lo que existe ha de tener dos lados como mínimo, y tres dimensiones para ocupar espacio.

En la perspectiva oriental muchos caminos llevan a la meta, y los mandalas hindúes tienen casi siempre cuatro «puertas», como las llaman, a fin de significar que se puede acceder a la unidad del centro desde cualquier punto cardinal. Lo cual debería moderarnos un poco en nuestras pretensiones de conocer el único camino. Lo mismo que el Islam, la otra gran religión derivada del judaísmo, en la historia del cristianismo se ha despreciado comúnmente a las demás religiones sentando la afirmación de poseer el único camino verdadero. Lo cual ha suscitado no poco fanatismo y muchas guerras, además de no hacer justicia al mandala. En principio no debería existir ese problema ni siquiera para el cristiano más comprometido con su fe; si avanza con valentía por su camino cristiano y alcanza finalmente la iluminación, o si se prefiere el reino de Dios (dentro de sí mismo), no ha de contrariarle en absoluto el hallar que algunos budistas e hindúes llegan también ahí (y ahora).

El mundo de los caminos

Mandala islámico que representa el Camino.

Mandala budista.

Mandala hindú.

Mandala cristiano.

Estaciones del año y de la vida en el mandala

Todo se encuentra en el mandala, y el mandala lo es todo al mismo tiempo. En especial pone de manifiesto que el todo es más que la suma de sus partes. Encontramos en él todas las transiciones de la vida, según se explica en *Las crisis vitales como oportunidades de crecimiento*. En este sentido sería posible pintar un mandala para cada fase de la vida, digamos la infancia, la adolescencia, la madurez y la vejez. En mi libro *Mandalas* se encuentra por ejemplo un antiguo mandala para un difunto.

En el ejemplo siguiente se reconocen también las cuatro edades de la vida y también las estaciones del año; así el año es un mandala, y también lo es el día. El habla popular reconoce estas relaciones cuando dice «el crepúsculo de la vida», o el cenit o mediodía de la vida. Así el mandala puede servirnos para despejar algunos errores, por ejemplo que el mediodía de la vida sea un punto bajo. El mandala nos muestra con gran claridad que el clímax, de donde por cierto deriva la palabra «climaterio», es el punto más alto de la vida: hemos alcanzado la periferia del mandala, donde la tensión es máxima; a partir de aquí podemos relajarnos emprendiendo el camino de retorno del alma, que termina entonces en el centro del mandala, que es resolución y liberación: la muerte. Ahí está nuestro problema por cierto: cuando no se contempla ésta como una liberación, sino como el final horrible de todo, es cuando no queremos dar la vuelta y nos aferramos al borde del mandala, precisamente allí donde la distancia al punto medio y la tensión son máximas. Por eso el punto medio del camino de la vida es de horas bajas para muchos individuos modernos. El mandala debería servirnos para rectificar.

Mandala amerindio de las estaciones del año y de la vida

El mito de los mandalas como totalidad de la vida

El tema «en medio del camino de la vida» adquiere particular énfasis con el precepto cristiano «si no os volviereis como los niños...». O nos volvemos voluntariamente, o la necesidad de volverse va tomando un carácter cada vez más catastrófico (del griego *he katastrophe*, volver atrás). Psíquicamente la misión consistiría en ofrecerse al polo contrario y liberarlo. Dice C. G. Jung que toda mujer debe encontrar y realizar su *animus* o lado masculino, y todo hombre su *anima* o aspecto femenino de su psiquis. Cuando queda insatisfecha la necesidad se somatiza o transfiere a otros planos, y empieza a hacer daño. Por ejemplo, el que se toma el mandamiento de «volverse como los niños» a nivel social y empieza a vestir como un adolescente o se compra un deportivo convertible, simplemente hace el ridículo, aunque como manía sea de las más inofensivas.

En cambio, si se desvía hacia el plano corporal la expresión del polo opuesto psíquico vemos mujeres que con la edad adquieren rasgos viriloides y vello en el rostro, o bien hombres de ademanes afeminados y provistos de mamas visibles. Después de la adolescencia el crecimiento ha de ser fundamentalmente psíquico y social, tal como lo entendió C. G. Jung (cf. también Ruediger Dahlke, *Krankheit als Symbol*, Munich, Bertelsmann, 1996).

¿Quién soy yo en el mandala?

Cierre los ojos unos instantes y céntrese en su mitad, dejando que se establezca el estado meditativo o de trance. Preguntémonos hasta qué punto estamos en conformidad con nuestro sexo, si las experiencias y las formas que configuran nuestra vida son las que nos corresponden o más bien estamos encallados en pautas del polo opuesto. Abra los ojos para dibujar y colorear este mandala de dentro afuera, tratando de reproducir las formas que le han definido a usted hasta el presente.

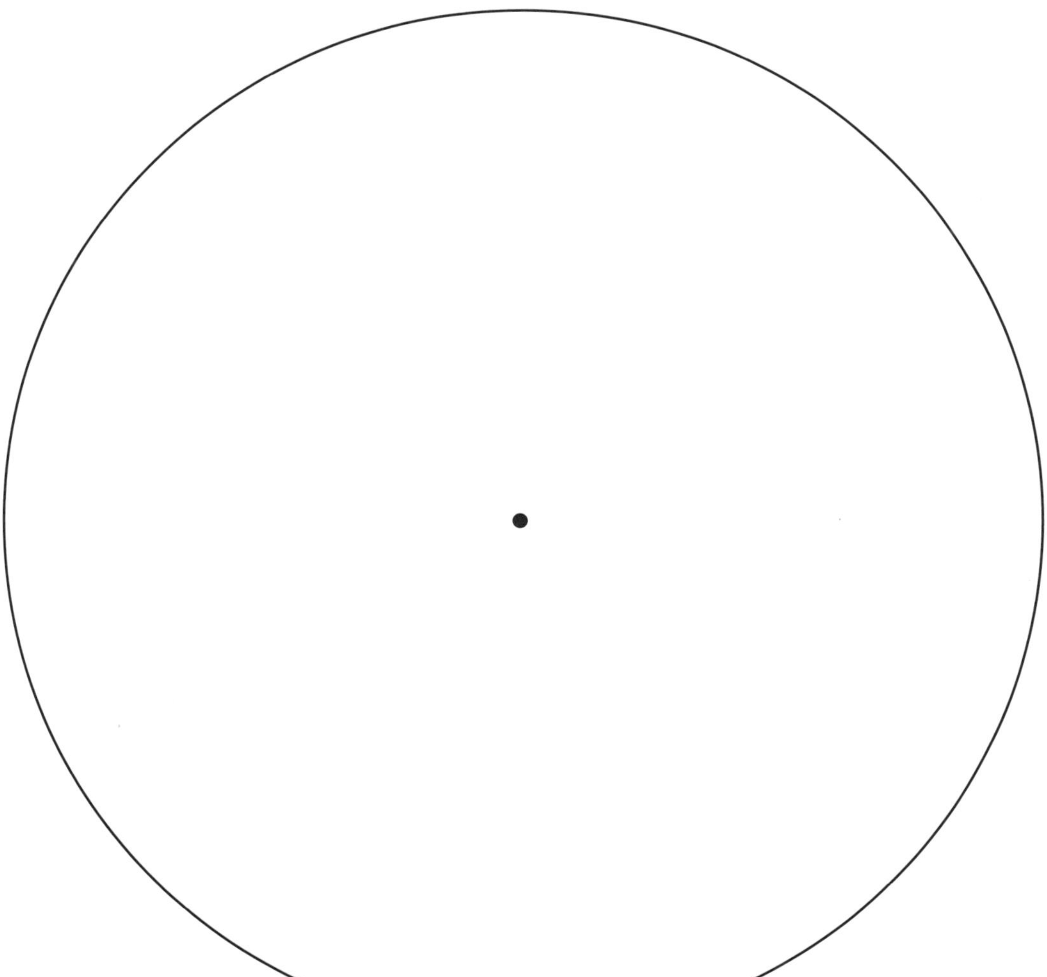

Mandala del anima

Coloree el centro de este mandala sugerido a medias utilizando colores suaves, femeninos, y complete las estructuras que faltan...

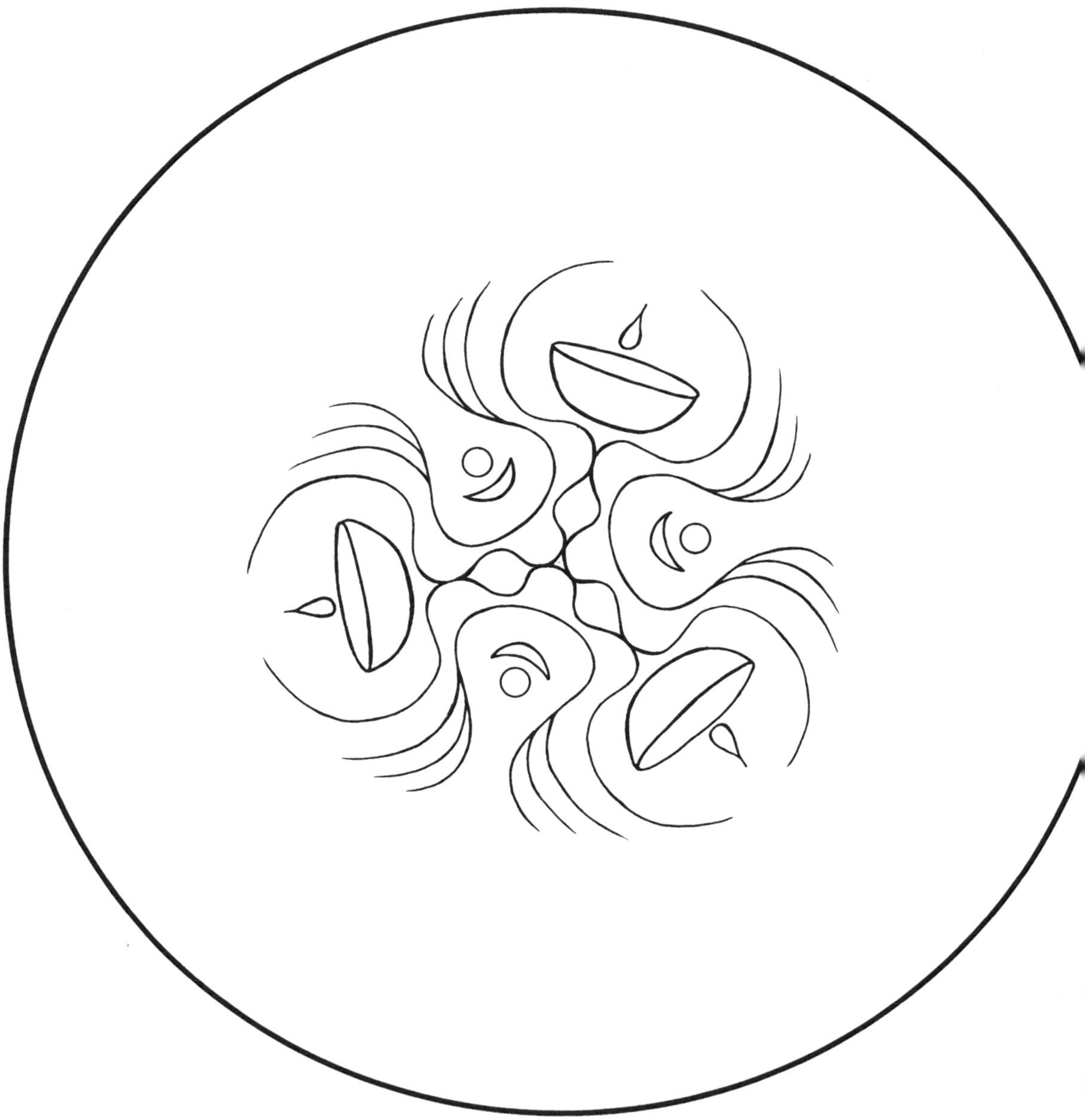

Mandala del animus

Coloree ahora el centro de este mandala sugerido a medias utilizando colores fuertes, masculinos, y complete las estructuras que faltan.

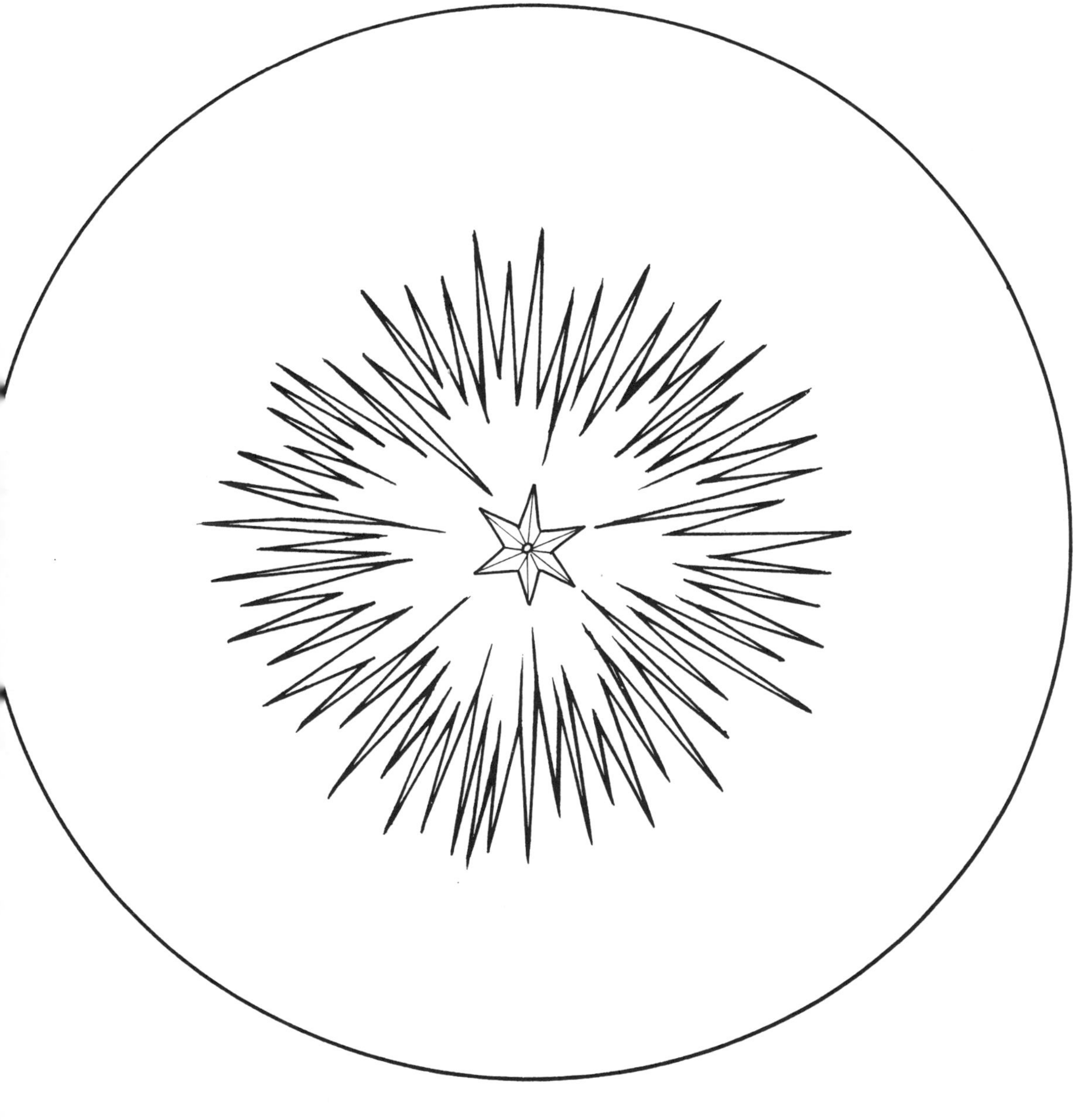

Primavera y verano

Partiendo del centro, pinte un mandala que exprese el camino de ida de su vida, desde el nacimiento hasta la mitad, primavera y verano como si dijéramos.

Otoño e invierno

Con independencia del lugar del camino vital en que se halle actualmente, pinte un mandala de la periferia al centro, que exprese el camino de retorno hasta la resolución y liberación, otoño e invierno como si dijéramos.

Mandalas de la cultura

El mismo fenómeno que sale a nuestro encuentro en la naturaleza lo hallaremos en el ancho mundo de la cultura: mandalas dondequiera que miremos, sobre todo una vez hayamos aprendido a mirar. Que yo sepa no existe ni una sola cultura que no haya tenido en cuenta el significado del mandala para eternizarlo en sus santuarios.

Los numerosos circos megalíticos de la antigüedad, de los cuales Stonehenge es el más conocido, así lo atestiguan en nuestras latitudes. De esas construcciones megalíticas no sabemos con seguridad ni cuándo se construyeron, ni para qué servían. Ni siquiera podemos explicar cómo las hicieron aquellos hombres primitivos. Porque incluso contando con los medios técnicos actuales nos resultaría bastante difícil lograr algo parecido en semejantes emplazamientos. Con seguridad sólo sabemos que casi todos revisten figura mandálica y quien achaque tal prodigio al azar demuestra que el realismo no es lo suyo.

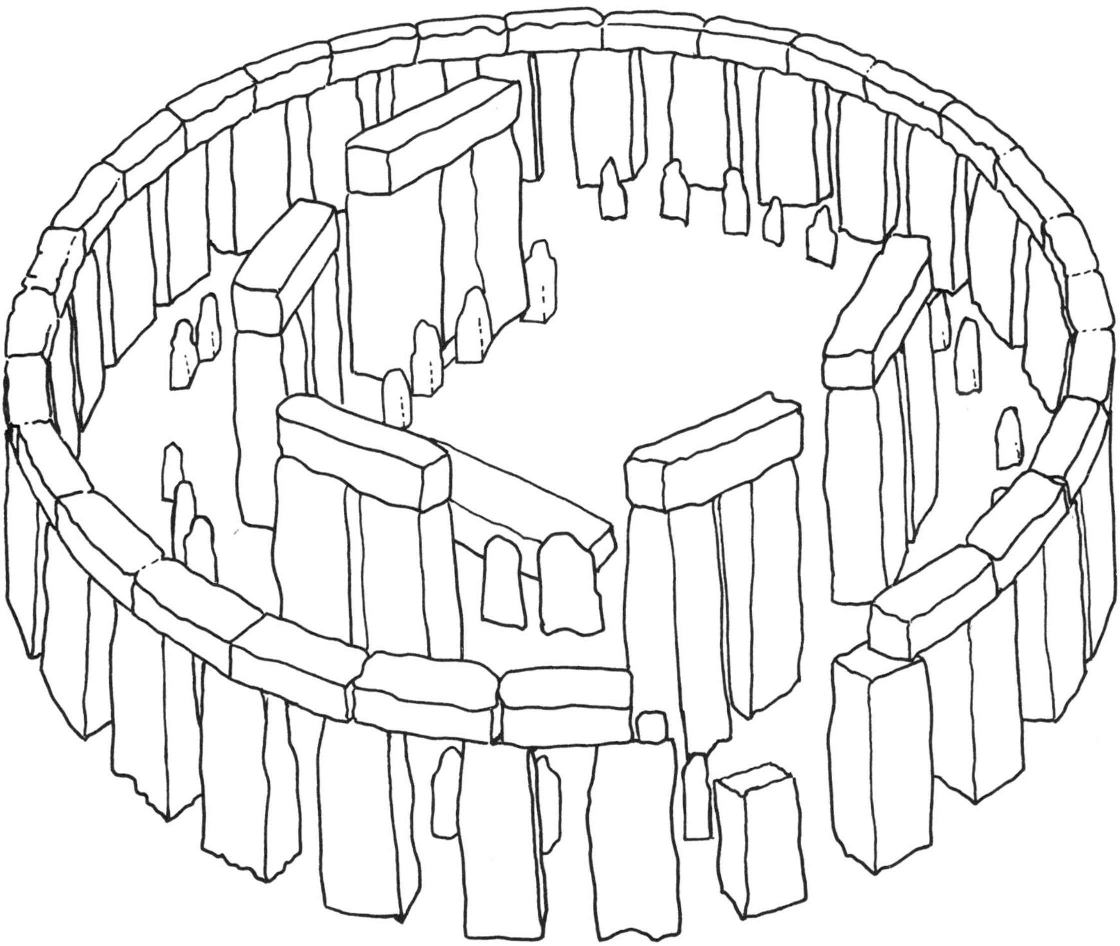

Stonehenge.

Calendarios mandálicos

Algunos de estos circos de piedra deben ser calendarios, al menos en uno de sus aspectos. Por ejemplo, para determinar con exactitud el instante del equinoccio. Aunque tampoco sabemos cómo llegaron a conocer nuestros antepasados tan precisas estimaciones astronómicas. Algunos autores, como Erich von Däniken, lo explican recurriendo a una posible intervención de unos maestros extraterrestres. La hipótesis no es más implausible que algunas de las explicaciones alternativas que se nos proponen.

En todo caso, finalmente nuestros calendarios son mandalas, lo mismo si utilizamos nuestro habitual calendario solar que el lunar de trece meses; en ambos casos nos referiremos al círculo o ciclo anual. De manera análoga se habla también de un ciclo cotidiano, puesto de relieve por el aspecto mandálico de nuestros relojes.

Todas las cuestiones de calendario o mejor toda la cronología se mueve en el círculo del mandala y ello desde la más remota antigüedad, véase más adelante el calendario de piedra de los aztecas.

El tiempo en el mandala

Calendario azteca

Un mandala, como todos los calendarios y relojes.

El mandala de la vida

Desde el punto de vista espiritual, el calendario más importante de la vida debe ser, sin duda, el horóscopo, pauta fundamental donde las haya. Contiene, por decirlo así, el itinerario básico de la vida, compuesto de un mosaico de elementos como los signos zodiacales, los planetas y las casas, así como de las relaciones existentes entre ellos. Todas estas energías obedecen al sistema de los llamados Principios ancestrales o arquetipos, que varias veces hemos tenido ocasión de mencionar ya, sencillamente porque sin ellos resulta muy difícil explicar ni entender nada con la profundidad suficiente. De manera que antes de pasar a ocuparse de los mandalas que ahora vienen, se aconseja al lector menos familiarizado con los arquetipos que vaya conociéndolos por el procedimiento de colorear los mandalas fundamentales propuestos más adelante. Una vez alcanzado el entendimiento básico de los arquetipos resultará más placentero el coloreado de la tarta fundamental reproducida en la página siguiente.

El que entienda de arquetipos y conozca la pauta que a él mismo le corresponde, que asuma el desafío de pintar en la página siguiente este retrato de su existencia personal.

Zodíaco occidental

Zodíaco chino

El hemisferio septentrional y sus constelaciones

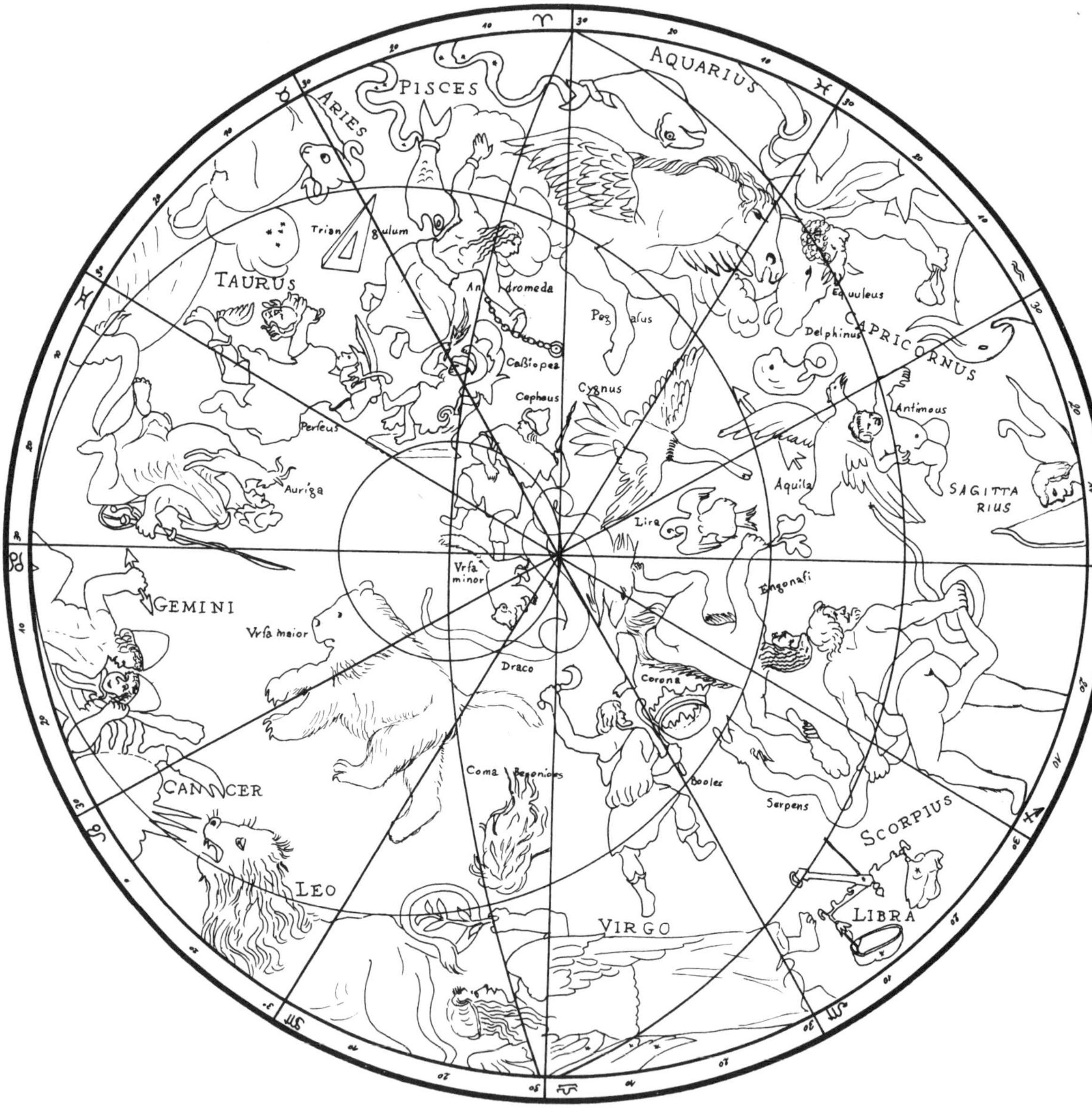

El hemisferio meridional y sus constelaciones

Arquetipo del origen, antiguamente asignado a Marte el dios de la guerra

«A Dios rogando y con el mazo dando.»

El Principio de: los comienzos, el primer impulso y su puesta en práctica, la acción, la perseverancia, la agresión, el espíritu de lucha, la decisión, la energía no concentrada y derrochada.

Su color, el rojo. Sus cualidades, caliente y seco. Su forma, aguda o cortante.

Arquetipo de la equidad, antiguamente asignado a Venus, diosa del amor

«Emito mi calor y lo encuentro de nuevo en los demás.»
ANAÏS NIN

El Principio de: el equilibrio, la equidad, la armonía, la belleza, la unión, la reconciliación, la capacidad para gozar, la sensualidad, el amor.
Su color, el rosa. Sus cualidades, lo bien temperado. Su forma, lo bien proporcionado.

Arquetipo de la concepción, antiguamente asignado a la diosa Luna

«Has de abrir las manos si quieres sacar agua.»
Proverbio chino

El Principio de: lo femenino, lo pasivo, lo reflexivo, lo fluido, lo cíclico, el cambio, lo inconsciente, el alma.
Color: blanco, plata, verde.
Cualidad: frío, húmedo.
Forma: lo blando, lo fluido, lo envolvente.

Arquetipo de la irradiación, antiguamente asignado al dios Sol

«Dios se oculta al espíritu del hombre, pero se le revela en su corazón.»
Talmud

El Principio de: lo creador, lo masculino, la expresión de uno mismo, el aplomo, la energía vital, el vigor, la valentía, el centro.
Color: oro (amarillo).
Cualidad: caliente, seco.
Forma: centrado, estrellado, fuerte.

Arquetipo de la expansión, antiguamente asignado al padre de los dioses, Zeus-Júpiter

«En el humano residen los cielos y la tierra.»
HILDEGARD VON BINGEN

El Principio de: el crecimiento, la plenitud, el enriquecimiento vital, la expansión espacial, la generosidad, la plétora, el descubrimiento del sentido, la religion, la síntesis.
Color: púrpura, violeta.
Cualidad: caliente, seco.
Forma: voluminosa, dominante, opulenta, barroca.

Arquetipo de la concentración, antiguamente asignado a Saturno

«Cada uno de nosotros está solo en fin de cuentas;
las cosas importantes hay que hacerlas cada uno para sí.»

El Principio de: la regularidad, la estructura, la limitación en lo esencial, la madurez, la responsabilidad, la disciplina, la vejez, la cristalización, la solidificación, la conservación, la reducción.
Color: negro, azul nocturno.
Cualidad: frío, seco.
Forma: clara, estructurada, dura.

Arquetipo de la comunicación, antiguamente asignado al mensajero de los dioses, Hermes-Mercurio

«¿Quién es el sabio? El que de todos aprende.»
Talmud

El Principio de: la mediación, el intercambio, la conexión en red, la flexibilidad, la neutralidad, la catálisis, la respiración, el habla, el intelecto.
Color: amarillo postal.
Cualidad: fresco, aéreo.
Forma: reticular, ramificada, finamente articulada.

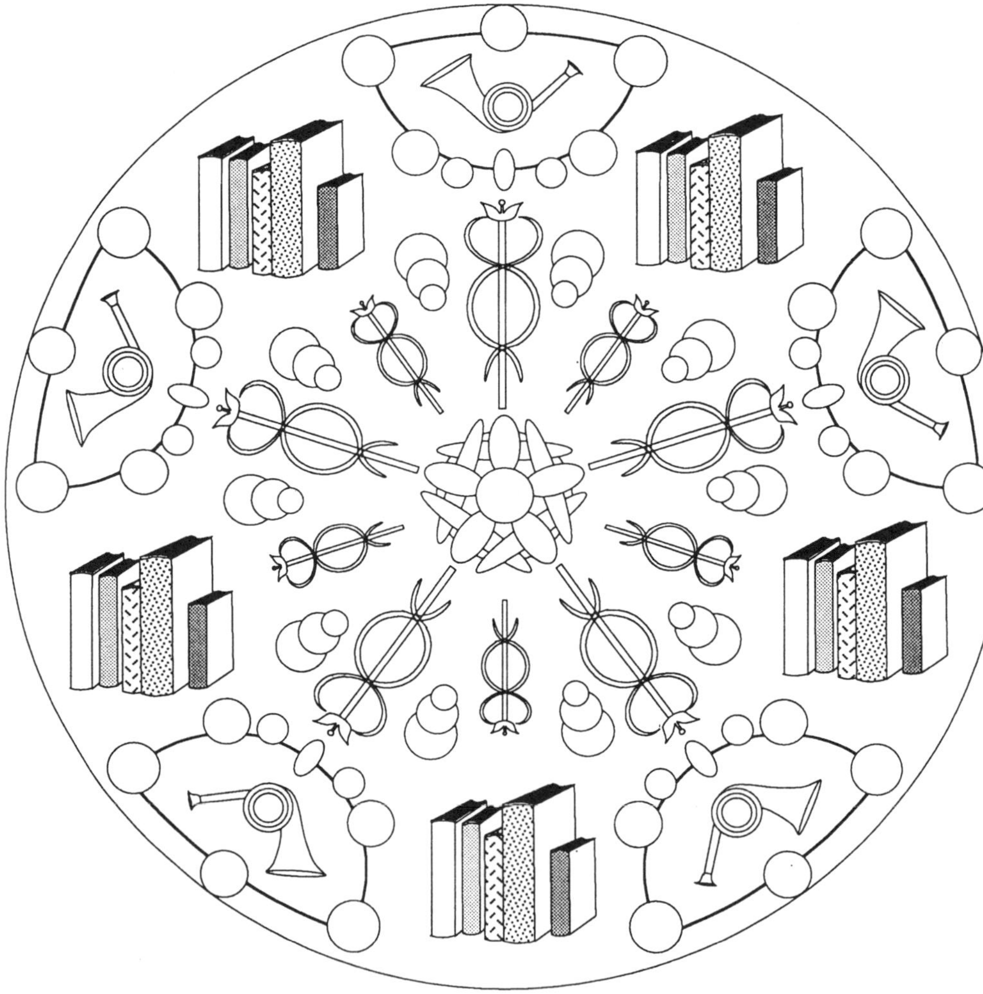

A continuación de los planetas clásicos veamos los tres nuevos y sus arquetipos.

Arquetipo de la trascendencia, antiguamente asignado al dios de los mares, Poseidón-Neptuno

«Si las ventanas de la percepción estuvieran limpias
los humanos lo veríamos todo tal como es: infinito.»
WILLIAM BLAKE

El principio de: solución y unificación, disolución de lo aparente que esclarece lo oculto, ilusión y desilusión, los sueños.
Color: acuoso, tornasolado.
Cualidad: frío, húmedo.
Forma: transparente, ilimitada, difusa.

Arquetipo de la despolarización, antiguamente asignado al dios de los cielos, Urano

«Eres libre de hacer lo que quieras, sólo que
debes estar dispuesto a asumir las consecuencias.»
SHELDON KOPP

El Principio de: la liberación, la ruptura de estructuras periclitadas, la transgresión de las normas, rompimiento y nuevo comienzo, la innovación, el cambio, lo andrógino, lo que se sale de las reglas.
Color: anaranjado y colores estridentes.
Cualidad: fresco.
Forma: bizarra, inusual, excéntrica.

Arquetipo de muerte y nuevo ser, antiguamente asignado al dios de los infiernos, Hades-Plutón

«Hasta que esto, morir y renacer, no tengas
no serás sino un triste huésped en la oscura tierra.»
GOETHE

El Principio de: la metamorfosis (el cambio de figura), la metanoia (el cambio de designio, la conversión, el arrepentimiento), la evolución, la polarización, el autodominio y la instintividad, la sexualidad, la procreación, la lucha con el dragón interno.
Color: combinaciones muy contrastadas como blanco-negro, rojo-negro.
Cualidad: caliente y frío, húmedo.
Forma: asimétrica, extrema, no hermosa.

La universalidad cultural del mandala, o el ecumene espiritual

El hecho de que todas las religiones principales además de conocer el mandala lo respeten de una u otra manera, expresa la importancia que conceden al camino del centro todas las culturas y todos los sistemas de creencias. En el centro, donde son recientes la experiencia y la revelación de la unidad, en el lugar de origen de las religiones, pues, prácticamente no hay contradicciones. Como era de esperar, por otra parte, porque ¿cómo van a ser posibles las contradicciones dentro de la unidad? Pero cuanto más se aventure una religión hacia la periferia del mandala, buscando la seguridad en los mandamientos y los dogmas, más fácil será que aparezcan problemas entre las religiones, o mejor dicho entre sus representaciones oficiales. Y en la misma periferia, donde la tensión es máxima, ocurren con frecuencia los enfrentamientos irreconciliables, a veces bélicos, entre grupos religiosos. Esto sería imposible en el punto central de la experiencia viva. Por lo visto las religiones, como los seres humanos, tienen que recorrer todo el camino; pero no estaría de más que cuidasen sus raíces, es decir, la relación con el centro.

Cuando los maestros o maestras de una religión llaman la atención sobre las experiencias del centro del mandala, están regando las propias raíces de esa religión. Lo cual tal vez no los hará muy populares entre quienes, situados en la periferia del mandala, atienden a otros intereses. Es una de las ironías de nuestra época. Personalmente he tenido ocasión de comprobar hasta dónde llega la apertura en esta época en que los humanos buscan en todas partes, es decir, dentro y fuera de las religiones instituidas. Tuve mis primeras experiencias zen entre los jesuitas; en muchos conventos actuales, los frailes cristianos dirigen ejercicios de contemplación y meditación. Por el contrario he visto que en los monasterios o los ashram orientales se recibía de buen grado a cristianos en busca de experiencias, sin que ello implique ningún conato de proselitismo.

Viaje mandálico de religión en religión

El mandala siempre ha sido visto como una rueda que gira. Dicho motivo aparece en los rosetones medievales del cristianismo y en la rueda de la medicina de los indios americanos. La vida humana comienza y termina en un remolino espiral, con cuya ayuda se insume el alma en el cuerpo, al principio, y al final se libera de él. Esta corriente que todos hemos experimentado —y se consigue repetir la experiencia en las terapias de reencarnación, por ejemplo— puede ser quizás el modelo primitivo de la rueda con sus radios, cuyo secreto expresa por ejemplo el *Tao te king* en los versos siguientes:

Los radios forman la rueda;
donde ellos no están, allí está el sentido de la rueda.
El barro forma la vasija;
donde él no está, allí está el sentido de la vasija.
Las paredes forman la habitación;
donde ellas no están, allí está el sentido de la habitación.
La vida es la forma;
donde ella no está, allí está el sentido de la vida.

La rueda de la reencarnación, o qué es lo importante

Los versículos de la «Biblia» taoísta nos remiten también al secreto del punto central, que es inmaterial. Ahí donde terminan tanto nuestra percepción como nuestro entendimiento, es donde está lo esencial, lo que importaba por encima de todo a las viejas culturas, como la del *Tao te king* en nuestro ejemplo.

Todas las grandes religiones apuntan a ese mismo centro del mandala. Por eso las diferencias entre ellas nunca pueden referirse a lo esencial, sino a lo accesorio, a lo que está al lado del centro. Cuestiones que interesan poco a quien busca la *religio* en el sentido de recobrar la vinculación con lo fundamental. Que el vino de la eucaristía cristiana sea la sangre de Cristo como quieren los católicos, o la represente sólo simbólicamente según postulan los evangélicos, el reino de los cielos lo llevan consigo los seguidores de una y otra confesión, según aseguró el mismo Salvador. De quien no consta ningún pronunciamiento tajante en cuanto a la consideración en que debíamos tener el vino de la misa; a lo mejor no le atribuía tanta importancia. En cambio, nunca dejó lugar a dudas en cuanto a que la salvación está en el corazón del ser humano, es decir, en el centro del mandala más importante, el chakra cordial. Lo cual le asocia a los demás fundadores de religiones, cuyos seguidores aprendieron luego a utilizar el mandala como medio auxiliar para expresar al menos con imágenes el secreto inefable —es decir, que no se puede expresar con palabras— del centro, la unidad, la iluminación o liberación.

Para el budismo, es la rueda de la reencarnación el centro de interés. En este caso todo gira también alrededor del vacío central que es la meta explícita de los budistas. A diferencia de lo que creen muchos seguidores occidentales de la idea de reencarnación, lo que ellos buscan es salirse cuanto antes, abandonar la rueda giratoria de la vida polar, para encontrar la liberación en la trascendencia del centro. Se basan en que el vacío del centro lo es todo y no es nada. El que busca encuentra entonces que el Uno y el Todo nunca han dejado de ser lo mismo y que, si el principio de todo está en el centro, el final de todas las cosas también se halla ahí.

«No te harás escultura ni imagen alguna»

Los musulmanes, que hasta aquí han cumplido estrictamente con la prohibición bíblica de fabricar imágenes de lo que hay arriba o abajo, no tenían otro remedio que recurrir a los mandalas para seguir absteniéndose de toda representación figurativa de Dios. En el mandala Dios o la unidad tampoco están representados, pero se intuyen en el centro. Si alguien quisiera apuntar y decir esto es el centro, tengamos la seguridad de que no es ahí. Pero en el mandala, podemos representárnoslo como idea.

Por cierto, esta evasiva hacia el mundo de la ornamentación, no garantizaba la fidelidad a la verdadera doctrina y así lo evidencia la historia del Islam hasta nuestros días. El Ramadán, mes de ayuno, lo reformaron hasta convertirlo en pura ficción (como los cristianos su ayuno cuaresmal), y estallan por todas partes las guerras no santas. Más les valdría hacer caso de sus propios místicos, los sufíes y derviches; así sabrían que la guerra santa se refiere siempre a la lucha interior con el propio ego.

Mandala islámico.

Flores de los mandalas hindúes

En el hinduismo la mayoría de los mandalas utilizan una simbología ya conocida para nosotros, o fácilmente descifrable a tenor de lo que ya sabemos acerca de los arquetipos. Las cuatro grandes puertas correspondientes a los cuatro puntos cardinales quieren expresar que según se viene del mundo de lo material (representado por el número cuatro), se puede acceder al misterio del centro desde cualquier dirección. Seguidamente llaman nuestra atención las estructuras circulares, que indican la unidad. En el sistema del hinduismo también desempeñan un papel importante los pétalos de la flor de loto. Como ésta es el símbolo del desarrollo, de la evolución por antonomasia, con frecuencia representan a Buda sentado sobre una flor de loto abierta. La flor cerrada o capullo que emerge de entre el fango del estanque simboliza, en su figura mandálica, el chakra base; la flor abierta, blanca, esplendorosa, es el chakra corona abierto. Esta estrella mandálica inmaculada nunca volverá a entrar en contacto con el fango, aunque sólo de él pueda brotar. De manera parecida, unos pocos maestros iluminados resplandecen como estrellas sobre el subcontinente indio, que podríamos describir en sentido figurado como un pantano de miseria. El entendimiento de tan profundos símbolos le evita al hindú largas disquisiciones acerca de la luz y las tinieblas. En la representación simbólica de los chakras también intervienen los pétalos de loto.

En Oriente suelen construirse los templos con planta mandálica. En este caso se intenta que el templo exterior ayude a encontrar el templo interior y su centro. En el punto medio de los mandalas hindúes suelen hallarse símbolos muy específicos como el Shri-Yantra y otros muchos ya convertidos en transculturales como el hexagrama, con el que nosotros estamos familiarizados a través del judaísmo.

Shri-Mandala

El hexagrama como símbolo transcultural

En muchas culturas se conoce este símbolo llamado sello de Salomón, estrella de David o hexagrama, con el significado de unión entre lo de arriba y lo de abajo. Los triángulos que representan los cielos y la tierra se interpenetran y ponen de manifiesto que ambas esferas remiten la una a la otra y se necesitan mutuamente.

Como distintivo de los judíos el hexagrama es también un trágico recordatorio de nuestra historia reciente. El caso es que los símbolos en sí no son buenos ni malos, ya que pueden reinterpretarse en cualquier sentido si se quiere abusar de ellos. Las estrella la inventaron unos funcionarios suizos para identificar con más facilidad a los judíos que huían de los nazis. Éstos la convirtieron en emblema de la peor discriminación, mientras que el rey de Dinamarca, en el mismo contexto histórico, hacía de ella divisa de honor y de grandeza humana: Cuando las tropas nazis invadieron Dinamarca y quisieron imponer que los judíos daneses llevasen la estrella amarilla, al día siguiente el monarca se presentó a una audiencia y se dirigió a sus súbditos llevando precisamente tal estrella en la solapa.

Una danza antigua alrededor del centro

En este mandala de la Antigüedad clásica intuimos cómo los símbolos eran entonces comprendidos en profundidad. La forma y el contenido guardan un sabio equilibrio. Aunque no supieran todavía que la danza alrededor del centro se produce en cada uno de los átomos (el átomo acababa de nacer como idea en el cerebro de Demócrito), ni conocían la pauta espiral que codifica la herencia, ni la forma espiral de la galaxia, los antiguos sí conocían el sentido profundo del mandala, expresado en sus corros y danzas circulares.

Esas danzas circulares se bailaban todavía no hace tanto tiempo en las catedrales cristianas, en cuyos mosaicos han quedado los laberintos que lo atestiguan. El más famoso, el de Chartres, ha sobrevivido a reiteradas reformas de siglos posteriores y puede verse en la cubierta de este libro. Más sobre los laberintos cristianos en mi libro *Mandalas*.

Esta cerámica decorada, que es mandala por su forma e ilustración, representa una danza bastante agitada alrededor del centro, expresando a la perfección la idea de movimiento que todos los mandalas contienen aunque sea implícitamente. Este motivo se halla en el fondo de una copa de terracota y representa la lucha de Herakles con Tritón, uno de los hijos del dios marino Poseidón. Alrededor de los combatientes danzan las nereidas, misteriosos seres también oriundos del reino marino de Poseidón-Neptuno.

Lo que dice el escudo romano

Se expresaba también por medio de un mandala, ya que éstos no eran desconocidos para las culturas que fueron las antecesoras de nuestras sociedades contemporáneas. Cierto que los romanos tomaron muchas cosas de la cultura griega, pero ya conocían los mandalas mucho antes. En su cultura bélica era indispensable el escudo circular, y el de los équites y oficiales del ejército se decoraba ricamente con mandalas por lo general dedicados al dios de la guerra y exhibiendo, además, el emblema de la gens o familia. En un sentido figurado, el guerrero se acogía a la protección de los dioses familiares. Los romanos también fueron muy aficionados a protegerse y refugiarse en torreones de planta circular.

El Coliseo de Roma

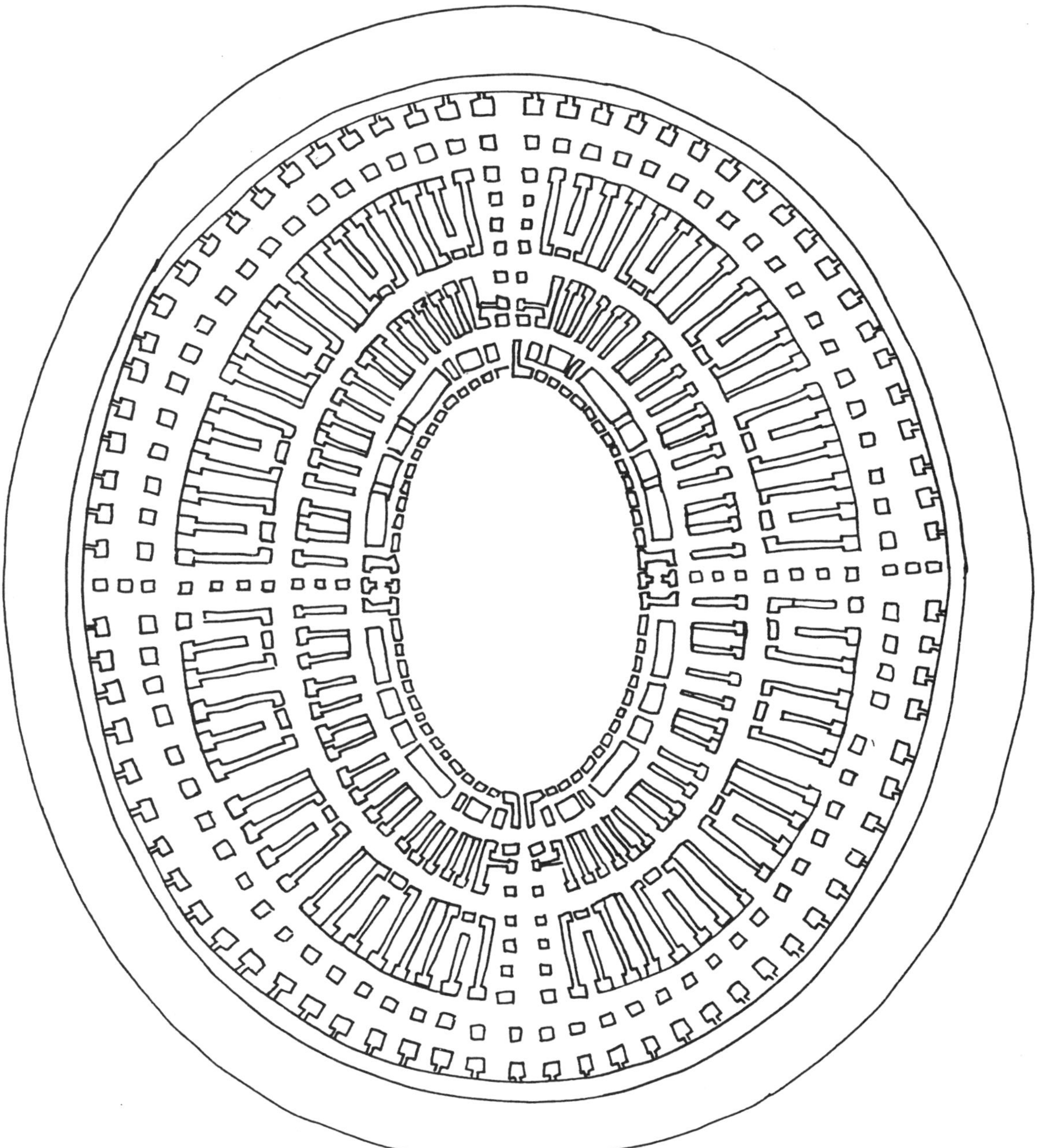

Teatro y mandala.

Los mandalas de los antepasados germanos

La decoración del escudo sería distinta de la practicada por los romanos, pero ellos también se basaban en el mandala y lo encontramos en las primitivas cofradías de guerreros de los escitas, los godos, los sajones, etc., no muy familiarizados todavía con el arte y el arquetipo de Venus. Un ejemplo de su cultura es la rueda solar siguiente, oriunda de la provincia sueca de Gotland.

Mandala de los sajones

Demuestra este mandala que la tradición celta sobrevivió con cierta soltura a la invasión de los sajones. Éstos combinaron sus propios motivos ornamentales con los que hallaron entre los celtas, como por ejemplo en este broche.

Mandala celta

Véase el típico nudo céltico en el centro.

Mandala griego

Piso de mosaico mostrando la figura del dios solar Apolo.

Mandala cristiano italiano

Mandala judío

Mandala egipcio

Sello sumerio

Aprox. 4000 a. C.

Mandala indio

Representando la danza del dios Krishna con las gopis, las jóvenes vaqueras. El corro de bailarines y bailarinas simboliza la unidad de los cielos y la tierra. Esta ornamentación pertenece a un mantel de bodas y es la versión india de la *unio mystica.*

Mandala chino

Con la figura del dragón, símbolo de la buena fortuna para los chinos y emblema de los emperadores. En principio este ser es el mismo que la hidra de Herakles y el Fafner de Sigfrido y otros muchos destinados a ser vencidos por los antiguos héroes. Llama la atención el reconocimiento de este monstruo, a veces de muchas cabezas, como portador de la buena suerte.

Mandala africano

Mandala de los aborígenes australianos

Desde lo alto de los cielos hasta las profundidades de la tierra: mandalas en casas de Dios y templos

En los estilos de la arquitectura sacra destaca especialmente el mandala y así como el ser humano está determinado por él de los pies a la cabeza, así también los monumentos religiosos lo reflejan desde el suelo hasta el techo y el cosmos desde la tierra hasta los cielos.

Una ojeada a la cúpula de una mezquita islámica nos revelará la misma pauta fundamental, en principio, que el techo de un templo budista o, como aquí, la cúpula de una catedral cristiana.

Una ojeada a los mundos angélicos y celestiales cristianos

Los siete cielos cristianos sobre Roma

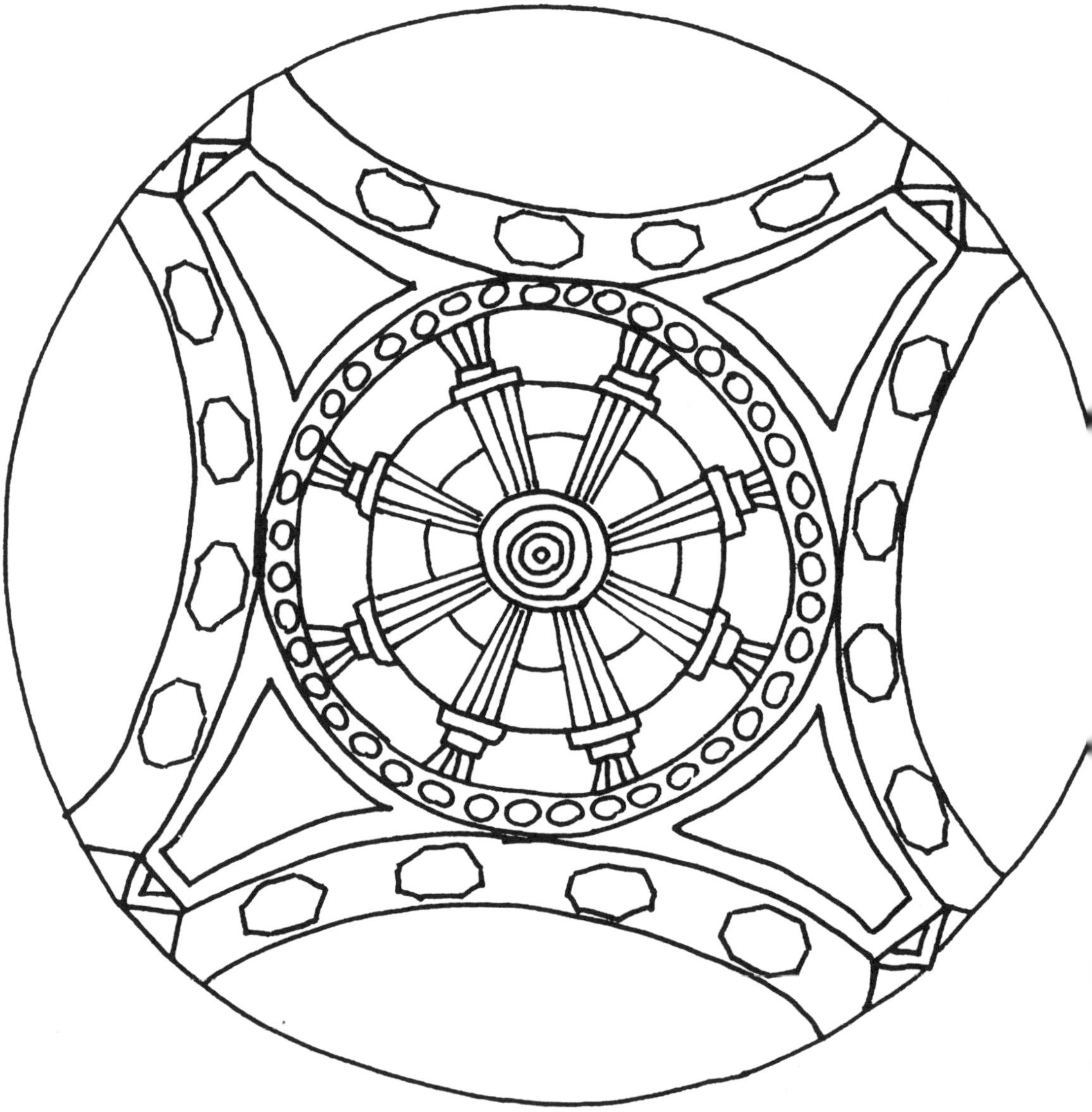

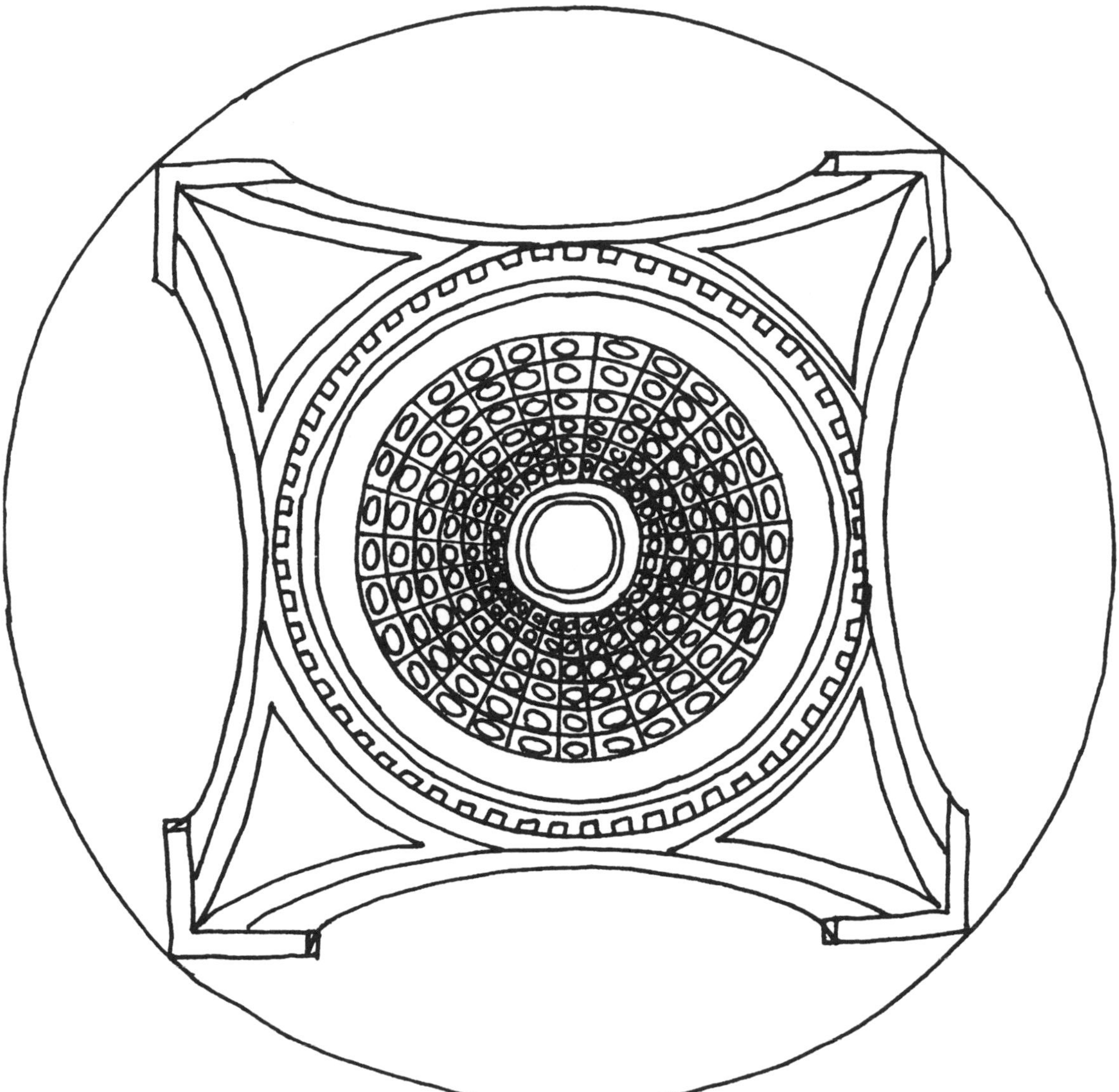

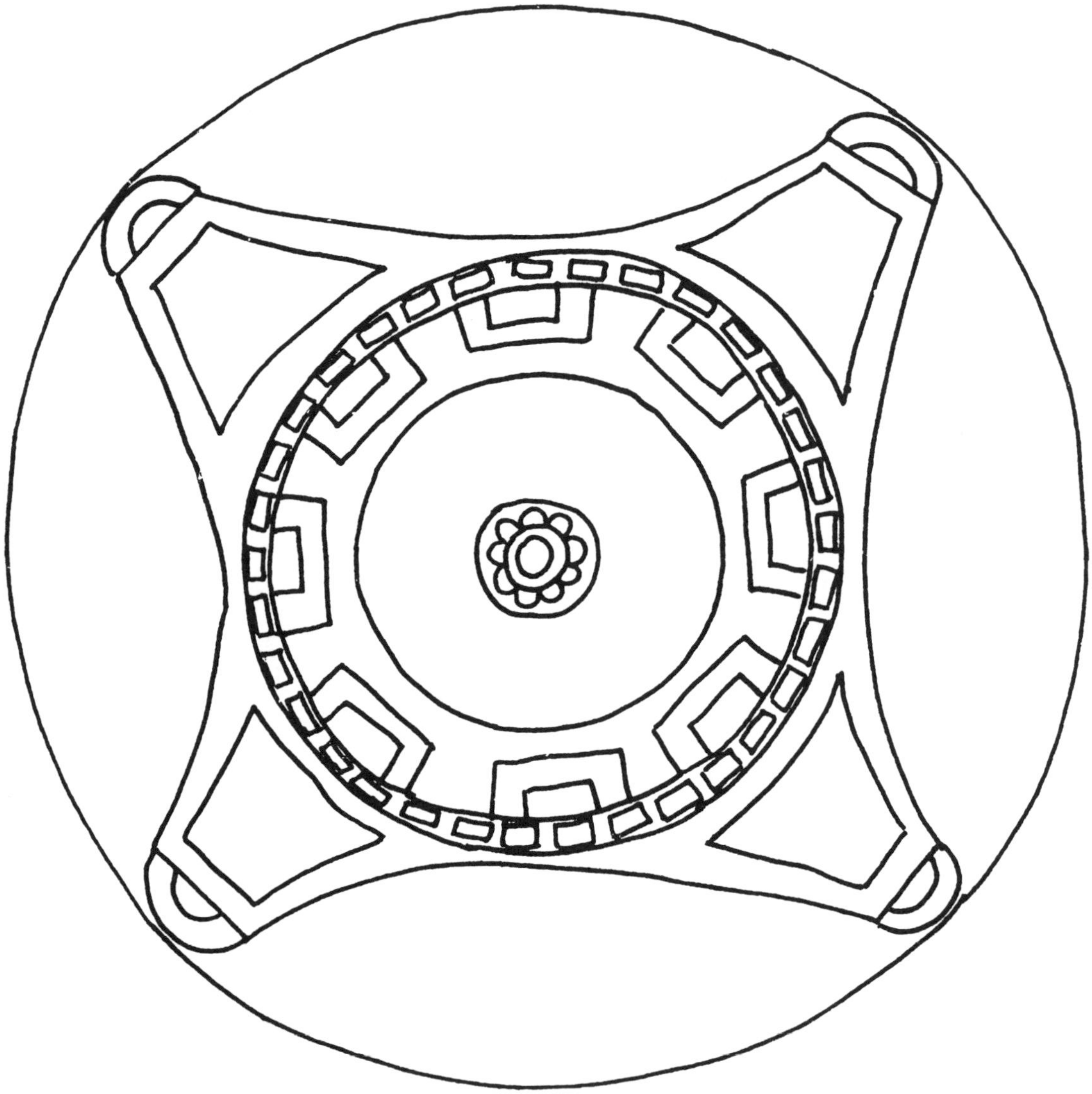

Cuatro cielos islámicos del Oriente

Cúpula mandálica de la mezquita del sultán Solimán I en Constantinopla.

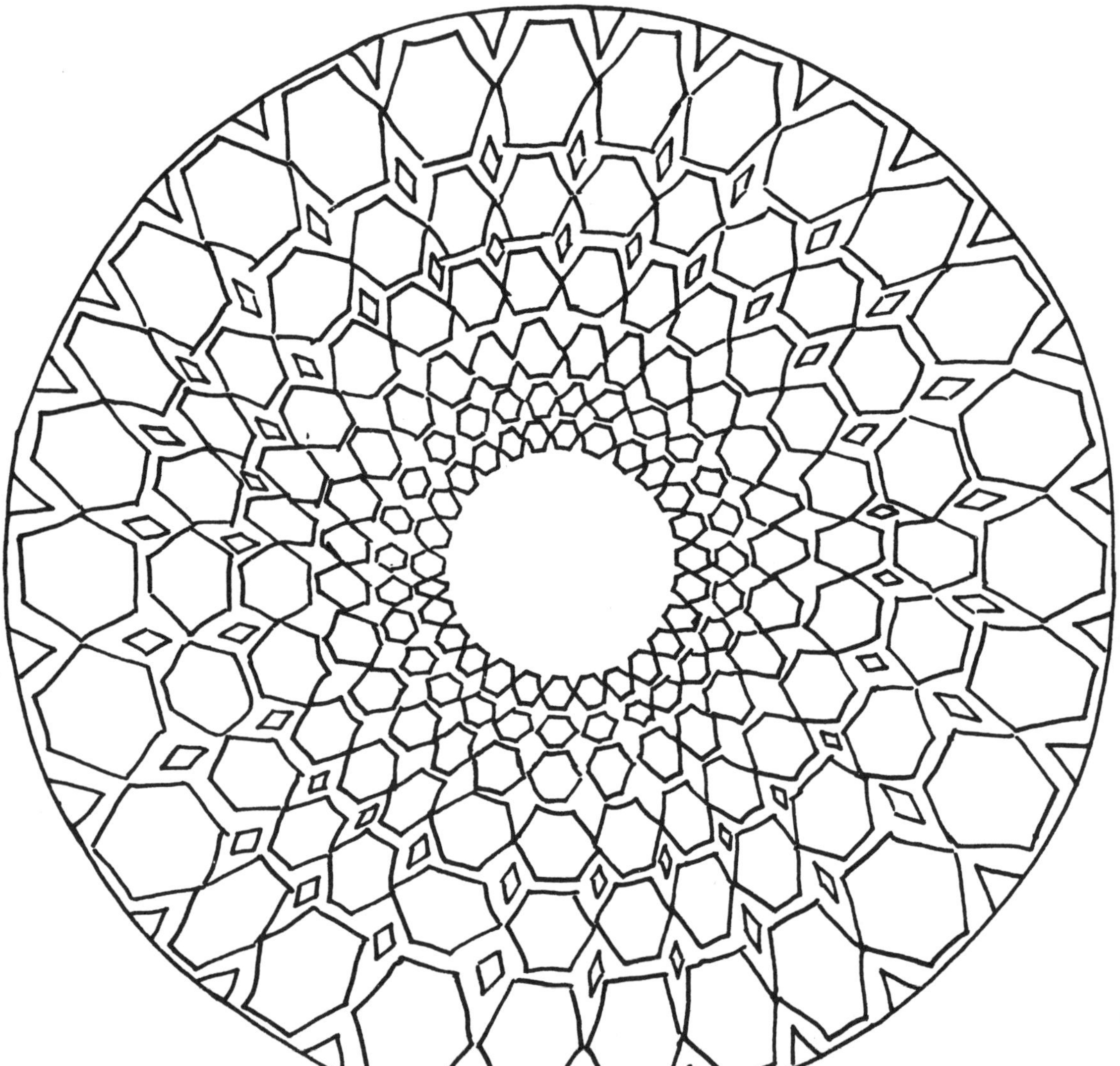

Cielo islámico.

Dos cielos de una mezquita.

Cielo mandálico sobre el Tibet

Cielo mandálico sobre la antigua China

Según las ideas confucianas, el techo de la sala destinada a la oración de la cosecha en el templo celestial de Pekín reproducía la estructura geométrica de los cielos.

Del cielo a la tierra de las realidades

Este paso nos lleva a otro tipo de mandalas, como este mosaico del suelo de la catedral de Siena, en la Toscana.

Mosaico de la catedral de Siena.

La rueda de la Fortuna

El tema del naipe décimo del Tarot reproducido en la catedral católica de Siena quizá pone de manifiesto una estrecha vinculación entre el cristianismo y las tradiciones espirituales. Las cofradías de canteros que construyeron las catedrales y que fueron el origen de la masonería no veían en eso ninguna contradicción. Esa vinculación resalta todavía más si consideramos, por ejemplo, que las primeras universidades católicas enseñaban la astrología junto con lo que hoy llamaríamos los arquetipos.

Mosaico de la catedral de Siena.

Mosaico de la catedral de Siena.

Mosaico de la catedral de Siena.

El cristianismo se basa en el judaísmo como el Nuevo Testamento se basa del Antiguo. Y tanto las iglesias como las sinagogas se basan, no pocas veces, en plantas de figura mandálica. Aquí el mosaico del suelo de una sinagoga de Galilea.

Planta de una torre de iglesia en Sevilla, España

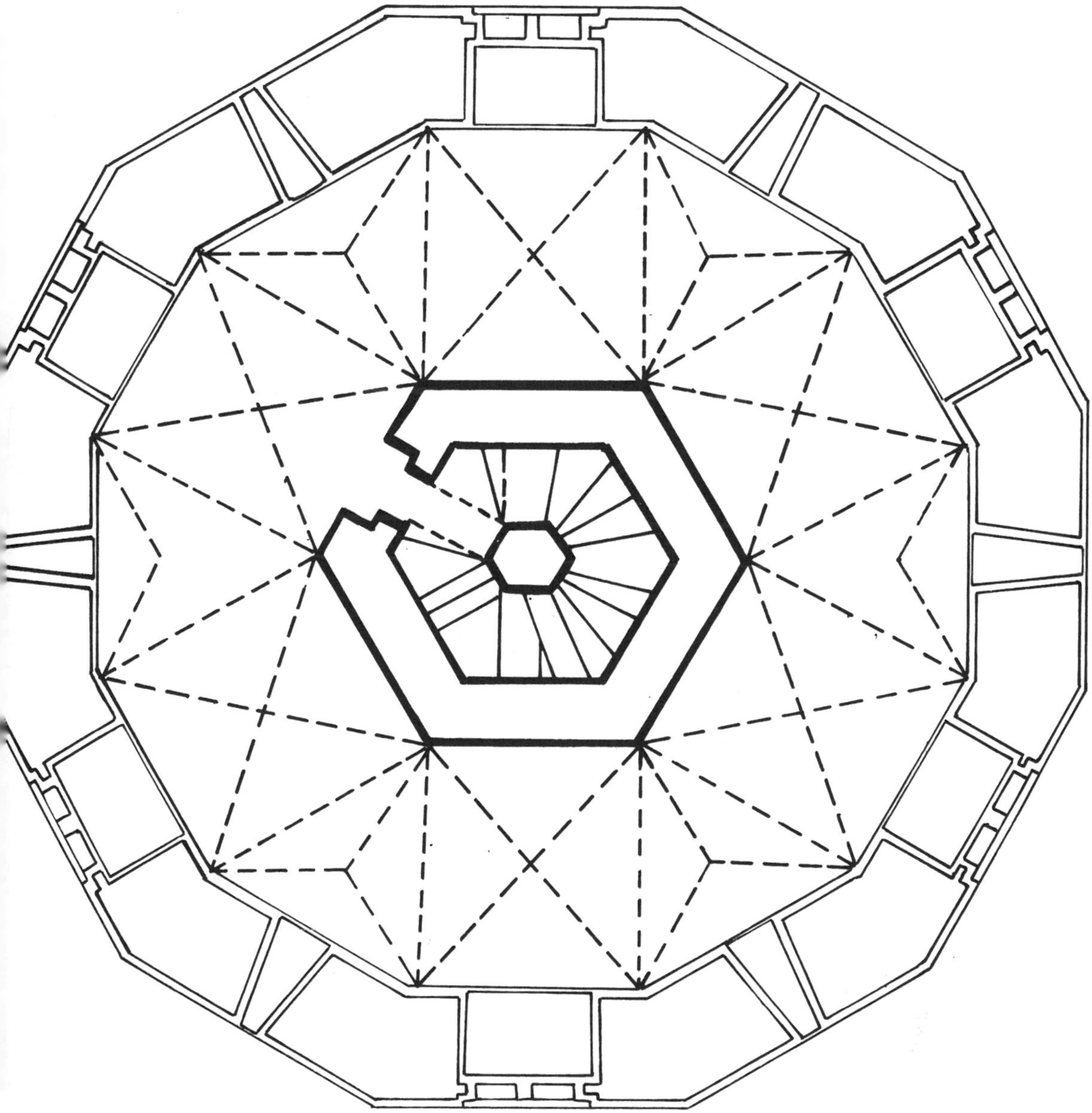

Plantas arquitectónicas

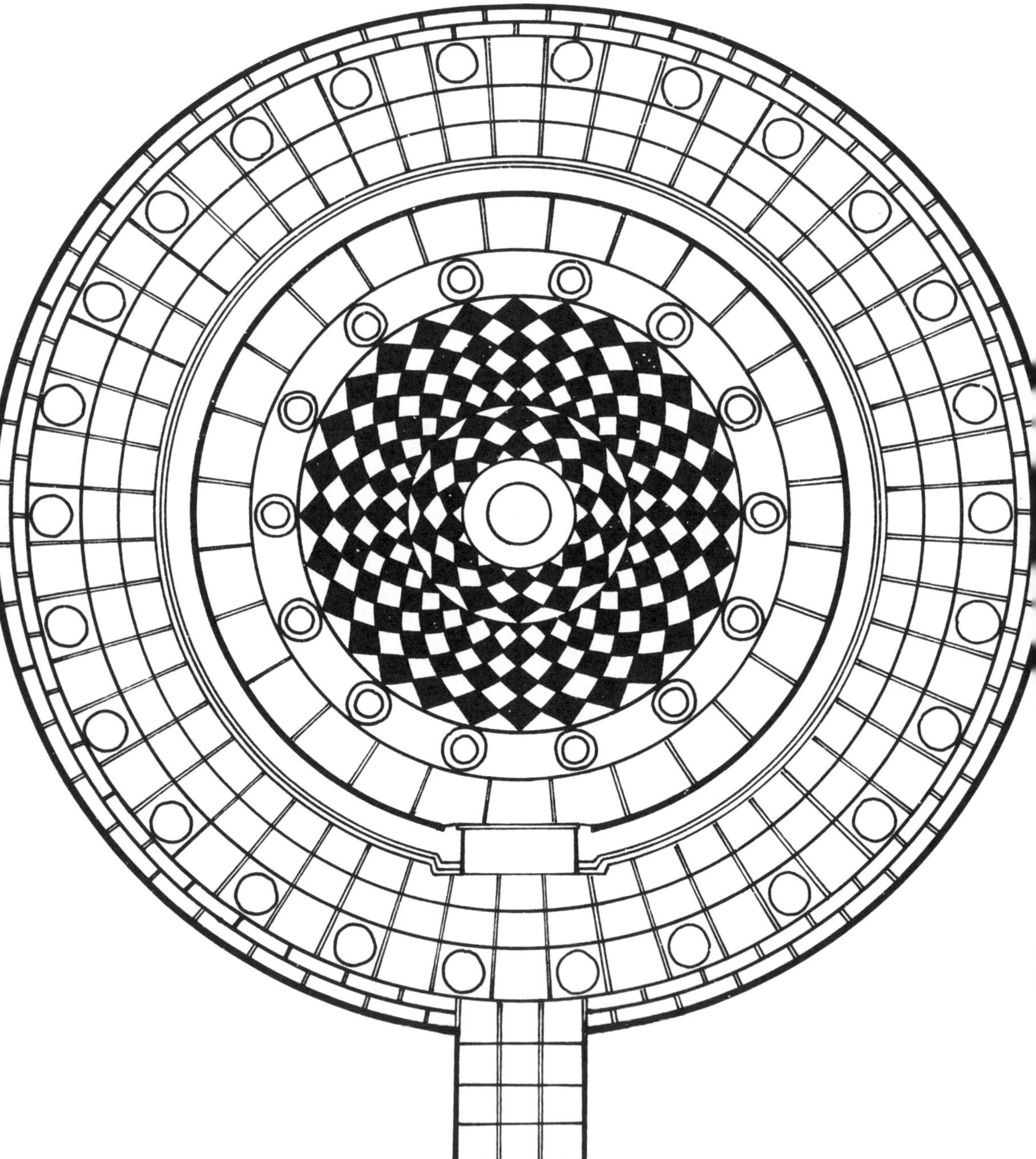

Thelos del templo de Esculapio en Epidauro.

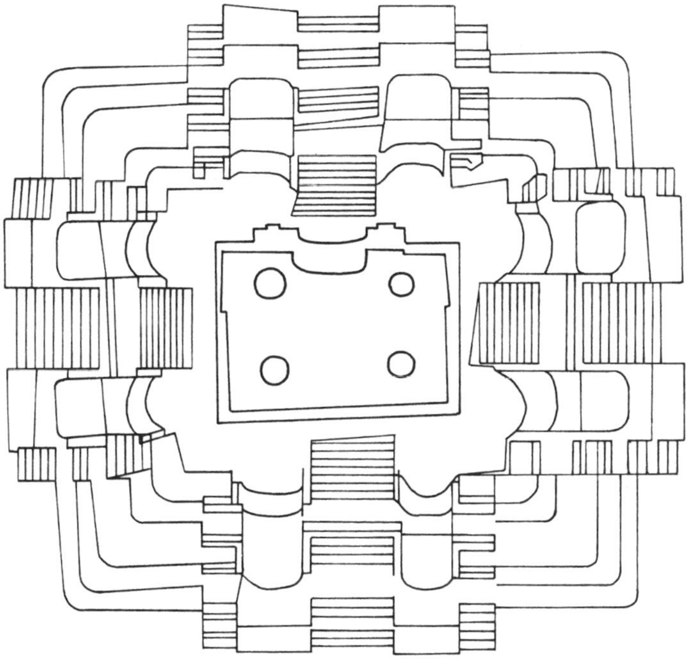

Pirámide maya de Uaxactún.

Planta de la Ciudad de Oro según C. G. Jung.

El remolino primordial de la creación a través de las épocas y las culturas

El hombre primitivo sin duda no sabía del *big bang*, ni de la forma espiral de nuestra galaxia, la Vía Láctea. Le faltaba más de una dimensión, de momento veía la Tierra como un mandala plano y no como una esfera. También les faltaba conquistar la tercera dimensión en otro sentido, el artístico. Sin embargo, algo sabían del remolino primitivo, donde todo tuvo su origen, y quizá lo averiguaron más por contemplación interior que por la observación del universo material o de los mundos microscópicos. O tal vez rememorando o reviviendo las situaciones de anteriores concepciones y fallecimientos, en donde el remolino tiene un rol fundamental.

En un dzong o monasterio fortificado de Bhutan se encuentra un mandala milenario que es una representación maravillosa —y totalmente inexplicable para nosotros en cuanto a su origen— del universo con las órbitas de los cuerpos celestes (mandala de la pág. 161). Fue creado en una época en que la cultura era pura música celestial para nuestras latitudes y la palabra ciencia ni siquiera existía entre nosotros. Pero son muchas las espirales, desde las culturas neolíticas hasta la germánica y la céltica, que atestiguan un profundo conocimiento de las leyes de la creación.

Dondequiera que miremos encontramos las representaciones del vórtice o remolino en los puntos nodales del acontecer histórico, en la doble espiral del ADN que contiene nuestro código genético y en las cámaras de niebla de los físicos, donde expresan el nacimiento de nueva materia.

Mandala griego

De una pieza de cerámica datada entre 3000 y 2000 a. C., con notable predominio de los motivos ornamentales en espiral; nos aseguran que en este caso simboliza la perfección de lo humano.

Versiones del remolino primigenio

En la India se representó el remolino primigenio, origen de todo, en figura de los tres gunas, es decir, las tres fuerzas fundamentales. La unidad que se despliega a través de la polaridad hasta hacerse trinidad es un tema básico de muchas culturas. Muy parecida es la representación céltica de este otro mandala antiquísimo.

La versión del mandala espiral según los amerindios es semejante a la de los asirios hace miles de años.

El vórtice primigenio de los germanos

También ellos supieron algo acerca del movimiento primitivo de los comienzos, como expresa este mandala espiral.

Mandalas contemporáneos

Incluso la ultramoderna teoría del caos halla el dinamismo en espiral en algunas de sus impresionantes plasmaciones gráficas.

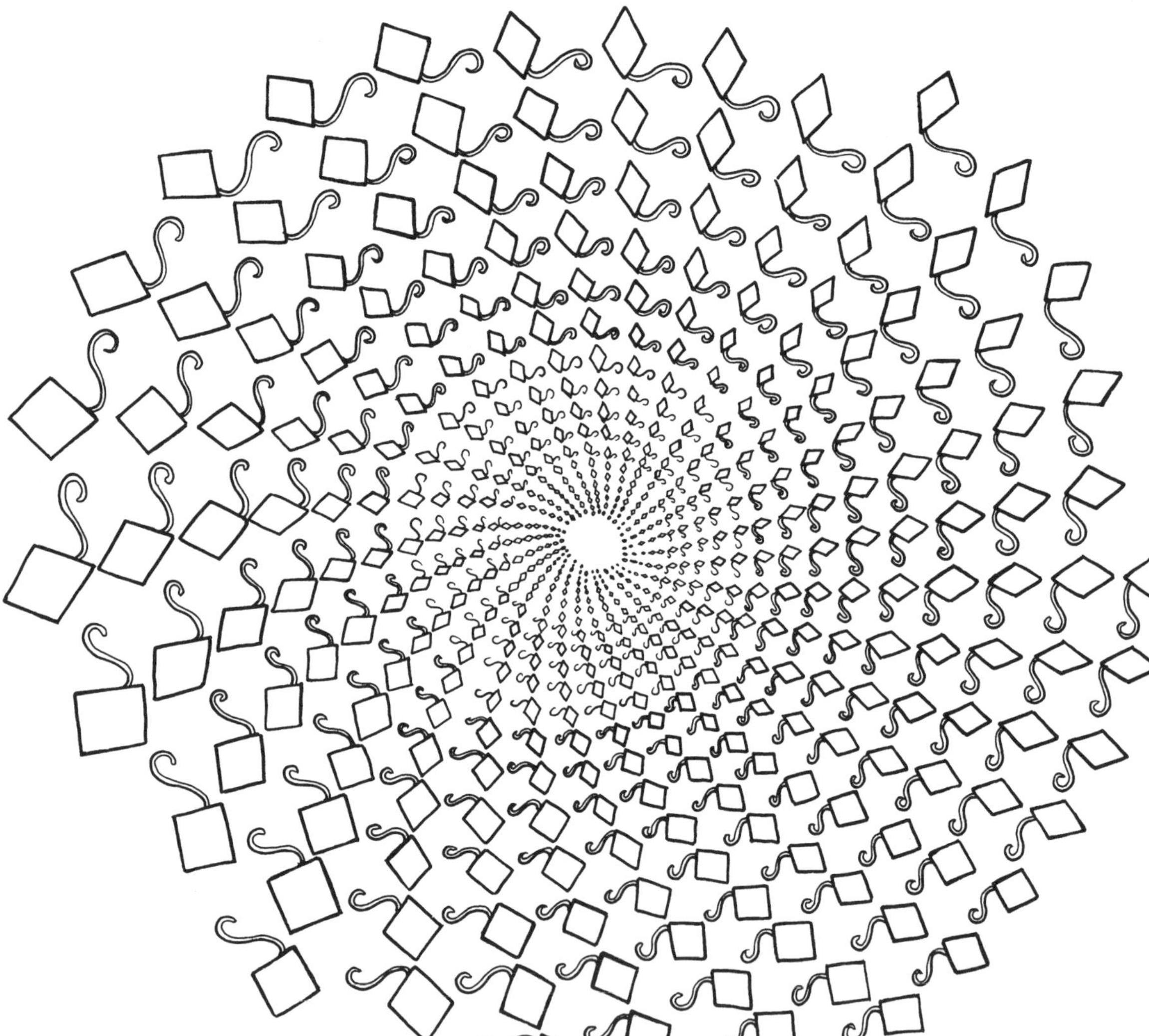

Mandalamanía

Una vez la mirada interior se ha adaptado a ver mandalas, los hallará en todas partes. Lo que puede parecer una manía es, en realidad, el maravilloso comienzo de una revelación: Que en el mundo creado, todo guarda relación con todo, aunque sólo fuese a través de la pauta mandálica. El mandala se halla en todas las religiones y culturas, en los humanos de todas las razas y colores. Después de nuestra excursión cultural habremos aprendido a valorar su carácter de arquetipo, y lo arquetípico estriba precisamente en la noción de que se puede partir en cualquier dirección, pero siempre volvemos a lo mismo. Por tanto, no es sólo cosa del pasado, sino que también surge en el futuro como nos enseña la teoría del caos. Esto es así porque los Principios primordiales existen con independencia del tiempo y del espacio. Pertenecen al material primigenio que sirvió para tejer la creación.

Ejercicio

El mandala de la página anterior, coloreado según creamos que corresponde, puede ponernos en relación con ese motivo primigenio ya que caracteriza el centro como un sumidero. Proviene de la teoría del caos, por tanto, podríamos decir que es hijo de la matemática. Una vez coloreado nos apartamos a unos dos metros de distancia y dirigimos la mirada hacia el centro, quizá con apoyo de una música adecuada para la meditación (por ejemplo la segunda parte de *Wege nach Innen* de Claudia Fried y Bruce Werber, edición Bauer Verlag, Friburgo 1997). No tardaremos en descubrir que este mandala vive y puede atraernos con su magia. Dedique un cuarto de hora a esta excursión hacia el centro del ser.

Creaciones computarizadas: la última versión moderna del mandala

Todo nuestro mundo tecnificado y sus conquistas retrotraen al mandala, ya que desde hace muchos siglos el progreso técnico se basa en la rueda bajo sus distintos avatares. Lo cual ha acabado por encontrar reflejo en los mundos de lo espiritual, y por eso muchas personas se sienten como ruedecillas de un gran engranaje que las excede.

Con el ordenador hemos abandonado por primera vez la mecánica del engranaje. A diferencia de otros productos de nuestra inteligencia tecnológica, en principio no contiene engranajes, sino que es una criatura que desciende directamente del mundo de las polaridades. Sólo entiende lo positivo y lo negativo aunque eso sí, a velocidad tremenda. Sin embargo, los ordenadores sirven para dibujar mandalas muy hermosos, como veremos en estas páginas.

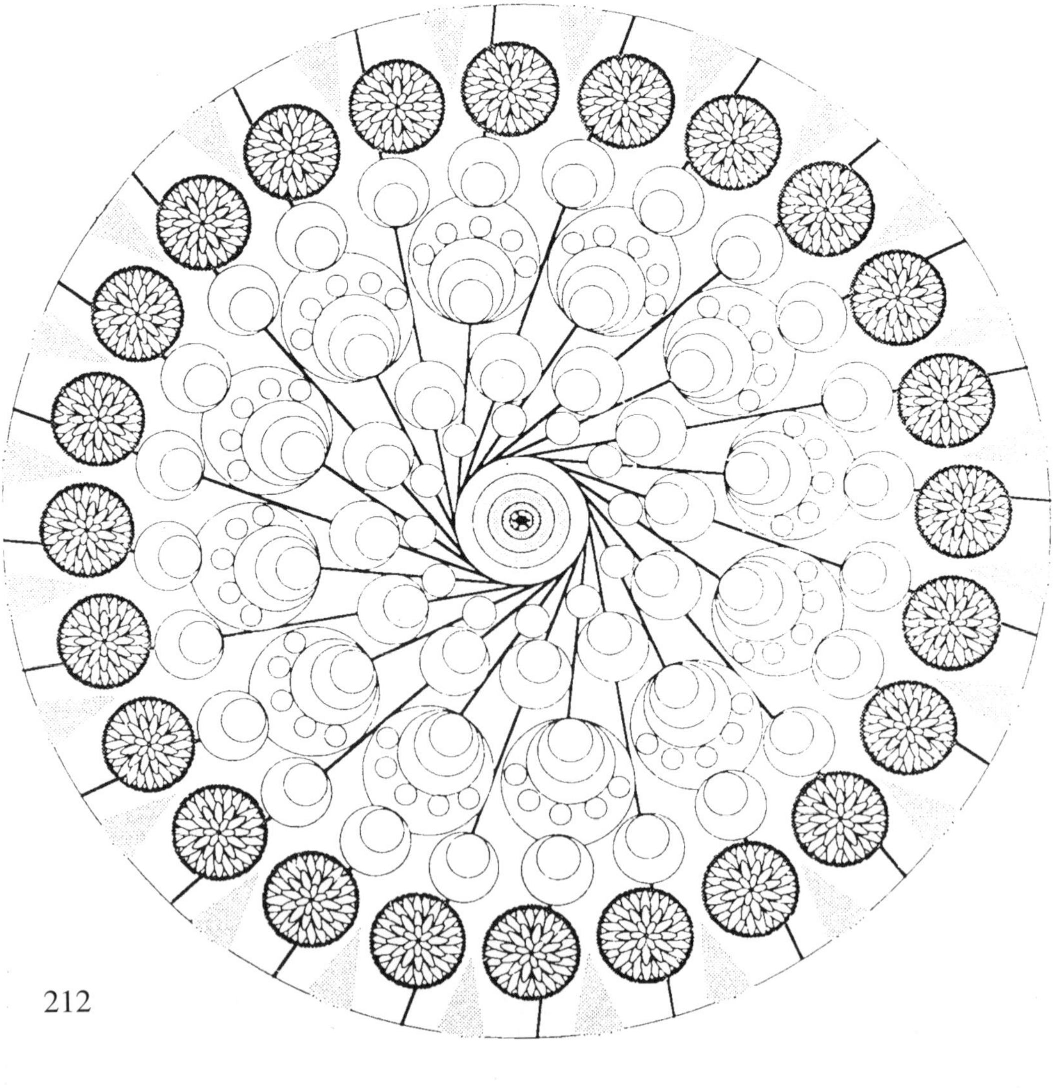

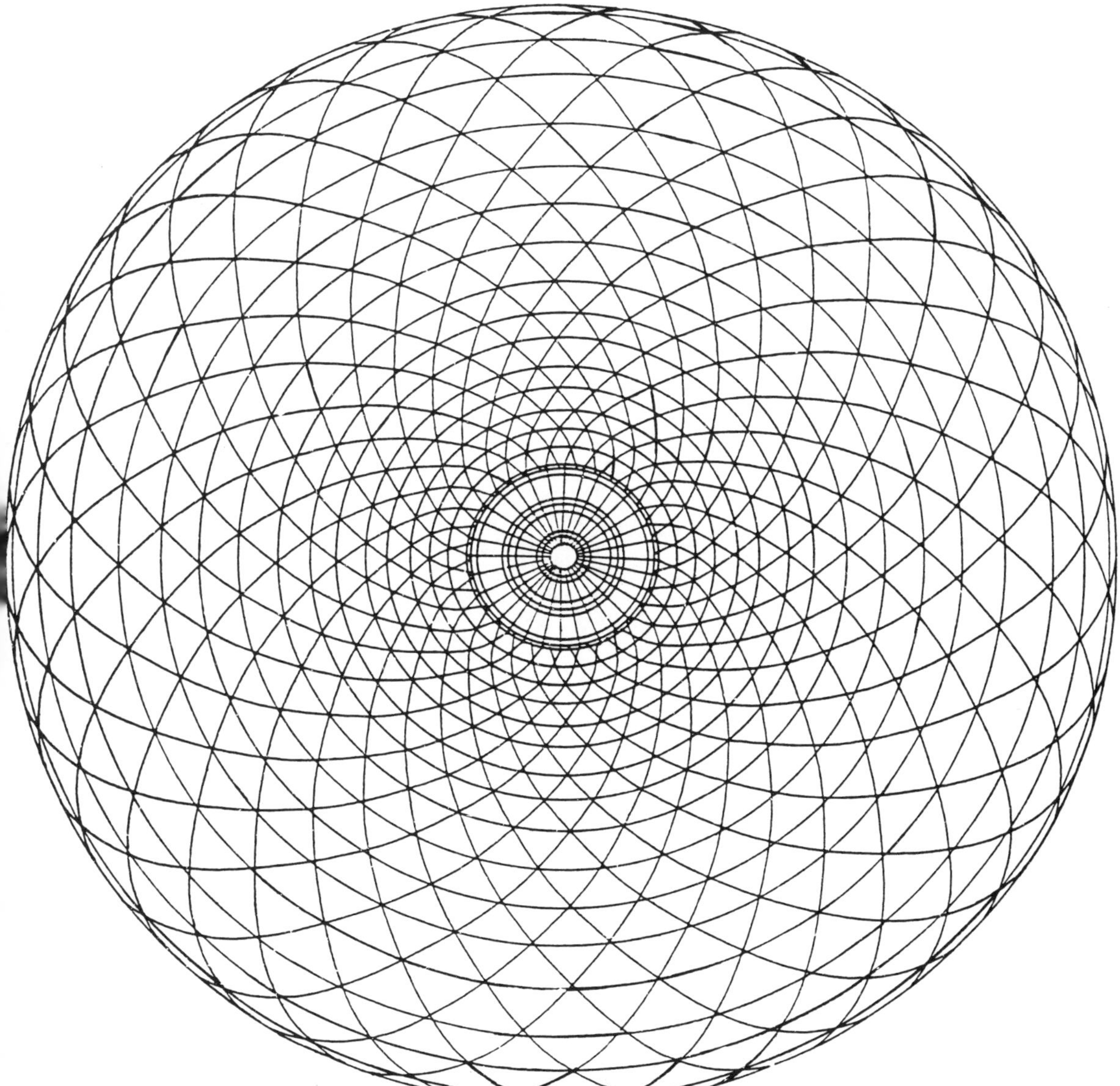

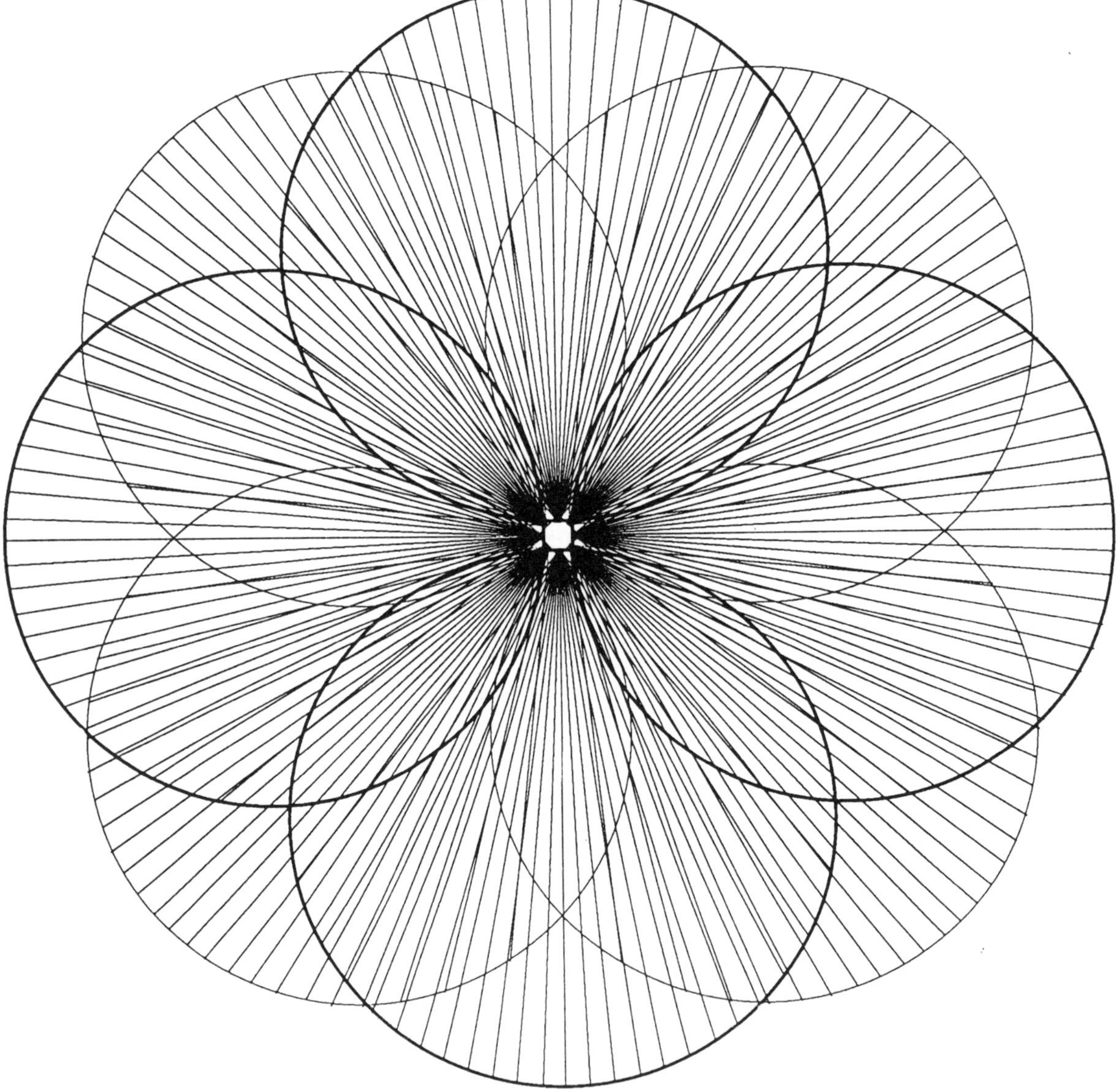

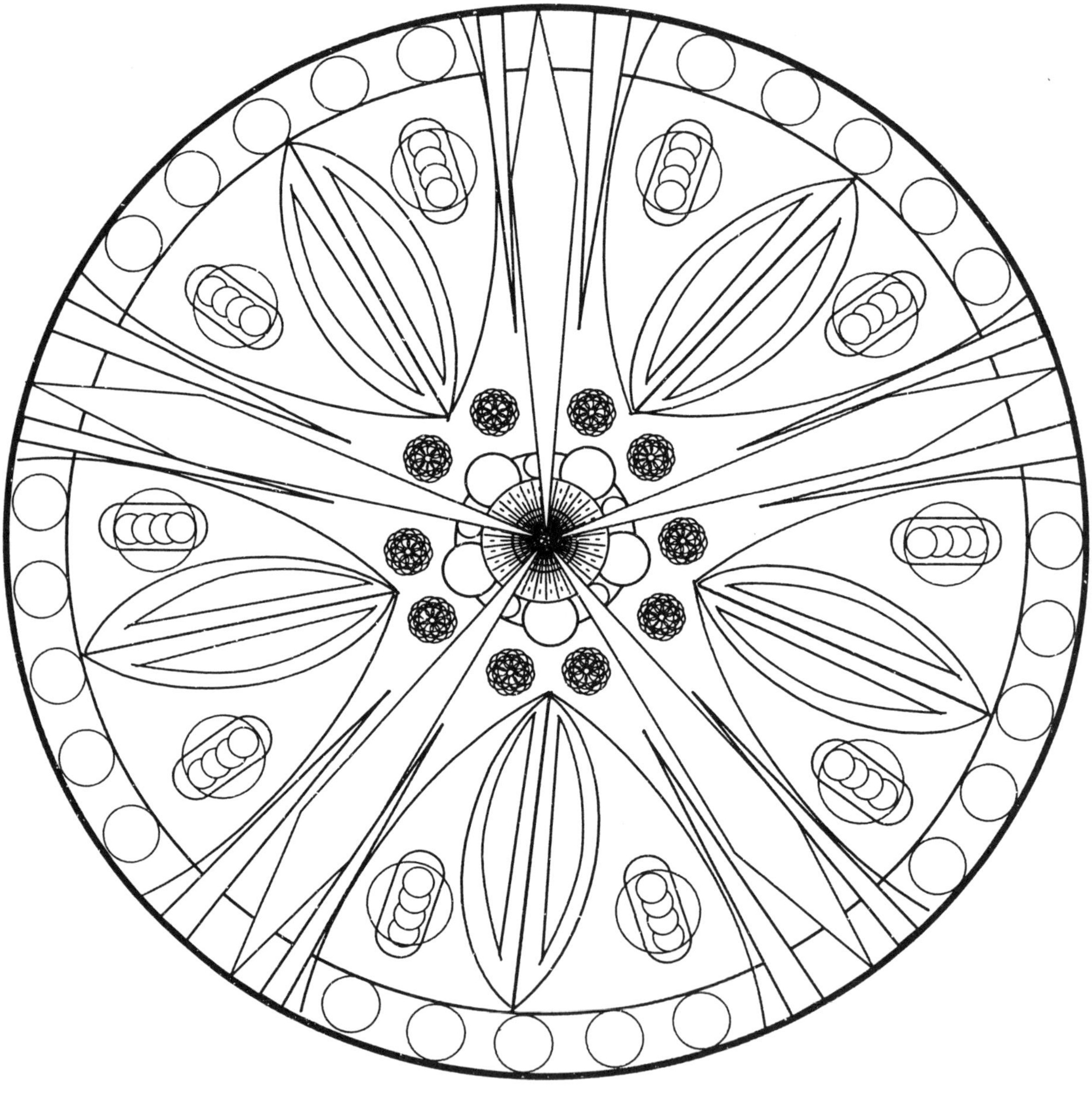

Imitación de pautas antiguas, o el eterno retorno bajo apariencias nuevas

El ordenador también permite realizar sorprendentes imitaciones de las pautas antiguas. De una manera similar se ha conseguido «samplear» electrónicamente y emular los más solemnes cantos gregorianos, cuya audición evoca rosetones y catedrales el pasado, y, sin embargo, han nacido en el teclado de un hábil cibernauta.

La sombra en el mandala

Como todas las cosas creadas, los mandalas también tienen sombra, es decir, lado oscuro. En tanto son de por sí representación completa de todo lo creado, sin embargo, traen la sombra integrada: con referencia al punto central invisible, que representa la unidad, toda la periferia, es decir, todo lo que nosotros percibimos como mandala, es sombra.

En efecto desde el punto de vista humano existen representaciones de lo oscuro que tienen figura de mandala. Cada «grano» de un acné juvenil es un pequeño volcán y un mandala. Convertido en absceso, simplemente ha aumentado de tamaño manteniendo la misma signatura, y lo mismo sucede con la reacción a cualquier picadura de mosquito o de abeja. Una úlcera de estómago, cráter típico, es también un mandala, lo mismo que las acumulaciones de uratos cristalizados que hacen sufrir al gotoso.

Existen incluso síndromes mandálicos, como el vértigo, que es una caricatura abominable del giro sobre el propio eje que realiza el bailarín. Por otra parte el estudio de los mandalas, que tiende siempre a la totalidad, puede revelarnos muchos aspectos sombríos de nuestro psiquismo. Lo cual es buena señal para cualquier terapia holística, es decir, tendente a la totalidad, por más que pueda suscitar alguna vivencia desagradable. Porque la totalidad y la plenitud son omnicomprensivas, lo abarcan todo, aunque esta verdad tienden a olvidarla muchos movimientos espirituales modernos. Lo maravilloso del mandala es que su forma perfecta puede conciliar los contrarios.

Mandala de luz y sombra

Todo tiene su sombra como propone este mandala inspirado en una idea de M. C. Escher. Por mucho que procuremos pintar ángeles blancos de luz, sin poder evitarlo aparecerán al mismo tiempo los ángeles oscuros, es decir, los demonios. Este es uno de los más grandes y más difíciles temas de la filosofía esotérica y el problema principal de todas las organizaciones sociales, lo reconozcan o no.

«Si no os volviereis como los niños»: juegos con el mandala para niños pequeños y grandes

En las leyendas mexicanas, los dioses cuando no tienen nada más urgente que hacer juegan a la pelota. De acuerdo con el lema «todo lo que está arriba también está abajo», eso los asemeja a los humanos. En este planeta, que a su vez es una pelota gigante lanzada a través del espacio cósmico, casi todos persiguen con entusiasmo algún tipo de esférico y no sólo los niños, sino también los aficionados al fútbol y al balonmano, al tenis y al golf. En lo cual los mayores sólo se diferencian por practicar el juego con una seriedad totalmente fuera de lugar. Y por otra circunstancia sumamente perjudicial para la salud: que conforme avanza la edad, se tiende a dejar que practiquen otros y se limita uno a mirar pagando entrada y acumulando obesidad (lo que, en el plano externo, los asemeja cada vez más a mandalas).

Para comprender el sentido originario de muchos juegos conviene recordar que la pelota es un mandala esférico. Trátase de un tótem, un símbolo de unidad que por motivos rituales debe ser transportado a un lugar especialmente elegido. Da lo mismo que consideremos el fútbol o el tenis, el rugby o el balón volea: siempre se trata de mover la pelota-mandala en un lugar determinado y conforme a unas reglas determinadas en un rito presidido por unos sumos sacerdotes ataviados de una manera también ritual y distintiva, que son los árbitros, para cuya difícil tarea no estaría de más tener los cien ojos del legendario Argos. El golf, por ejemplo, consiste en lanzar la bola mediante un golpe lo más redondo (mandálico) posible a otro redondel, llamado el green, y de éste a un agujero circular.

Teniendo todo esto presente llegaremos a entender cómo unas personas por otra parte perfectamente racionales, y que nunca van a tener la más mínima posibilidad de convertirse en profesionales del golf, son aficionadas fanáticas capaces de cualquier sacrificio con tal de seguir su afición, hasta el punto de descuidar la vida familiar y la profesional si la bola, mandala totémico de esas personas, se niega a entrar en el mandala que tiene destinado.

Además de los juegos de pelota existen otras muchas posibilidades lúdicas que tienen la ventaja de cubrir las necesidades mandálicas de todas las generaciones, y, por tanto, pueden cultivarse en familia.

Un mandala de fantasía destinado a explotar posibilidades lúdicas. Por ejemplo, colorearlo a ciegas, o con la izquierda si uno es diestro. Este mandala está inspirado en la ornamentación de un batik de seda.

Puzzle mandálico

Uno de los juegos mandálicos que pone más a prueba la paciencia es tratar de recomponer un jarrón roto u otra pieza de cerámica por el estilo. La idea misma del puzzle consiste en reconstruir una pauta que en principio era entera. Y así como el coloreado de un mandala predeterminado permite reconstruir un camino de la vida, como lo expresa también la idea cristiana del camino de la Cruz, la reconstrucción de un recipiente suscita emociones profundas. Es una analogía del camino de salvación que lleva a la integridad de la vida; en ese caso se trata de integrar las partes de la vasija hasta tener de nuevo un todo completo. Estos pasos entre la multiplicidad y la unidad es mejor recorrerlos en forma de juego. En la medida en que el recipiente se acerca a su integridad, se movilizan también los pasos correspondientes en el fuero interno.

Otra experiencia similar y también referida al mandala es el modelado de piezas en el torno de alfarero. Esta operación le obliga a uno a sumergirse, como primera medida, en su propio centro. Porque la pella de barro mal centrada va a salir disparada tan pronto pongamos el torno en marcha. La recomposición de una pauta mandálica de tres dimensiones al reconstruir una cerámica es un juego muy familiar para los arqueólogos. En muchos yacimientos históricos podemos admirar los impresionantes resultados de esa clase de puzzles.

Así los pedazos de cerámica nos anuncian buena fortuna, siempre y cuando contribuyan al redescubrimiento de la propia integridad.

La jarra rota

La jarra recompuesta:
de la multiplicidad a la unidad

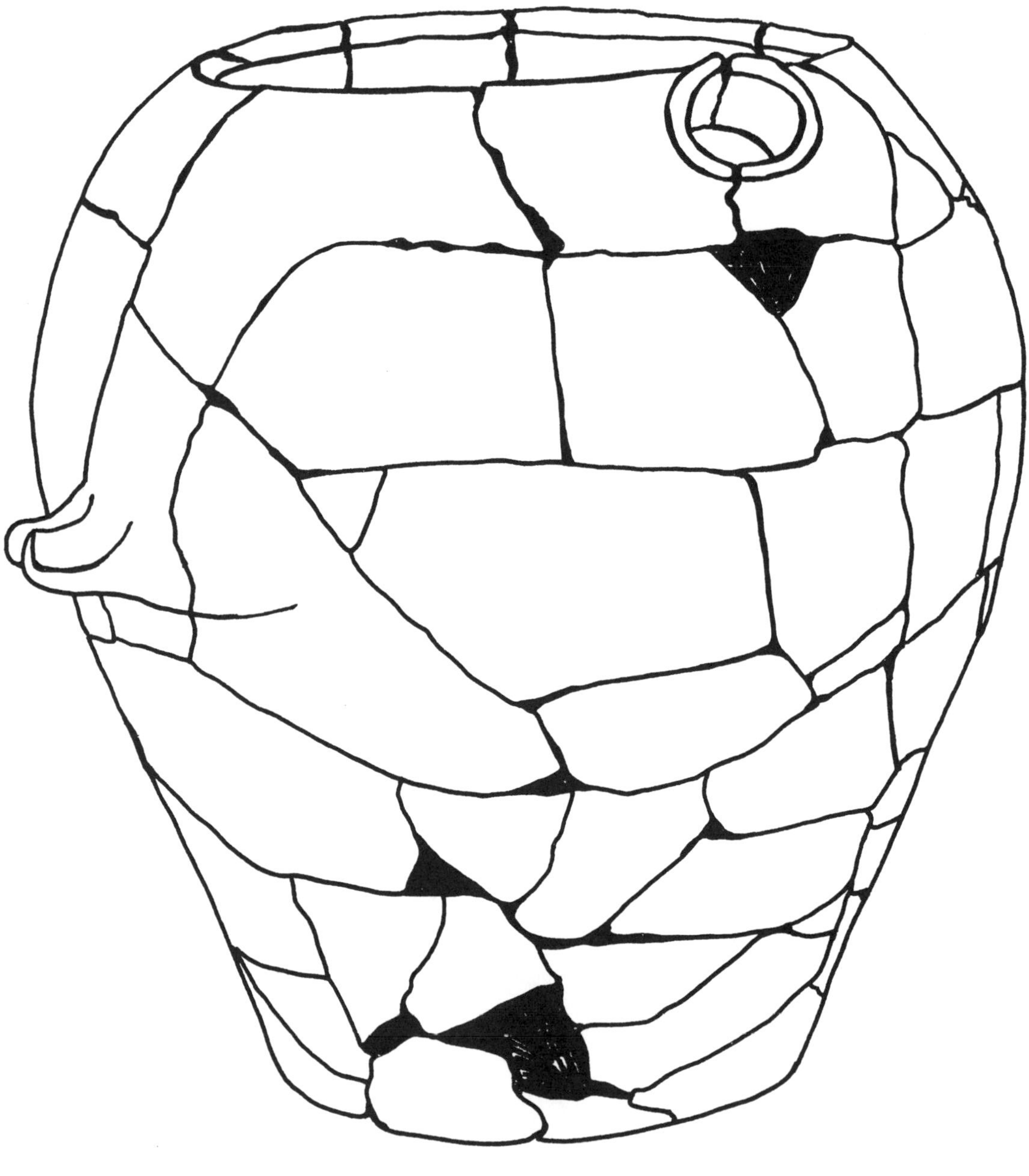

El mandala: ejercicio yin-yang

Esta mitad de mandala está hecha de formas yang masculinas, por lo que reclama su otra mitad, la princesa, con tanta urgencia como el héroe de la aventura. Hay que empezar por colorear la mitad masculina existente utilizando los colores de fuego que le corresponden, para completar luego la mitad femenina que falta con sus colores de agua. Se procurará resaltar el contraste de formas y colores.

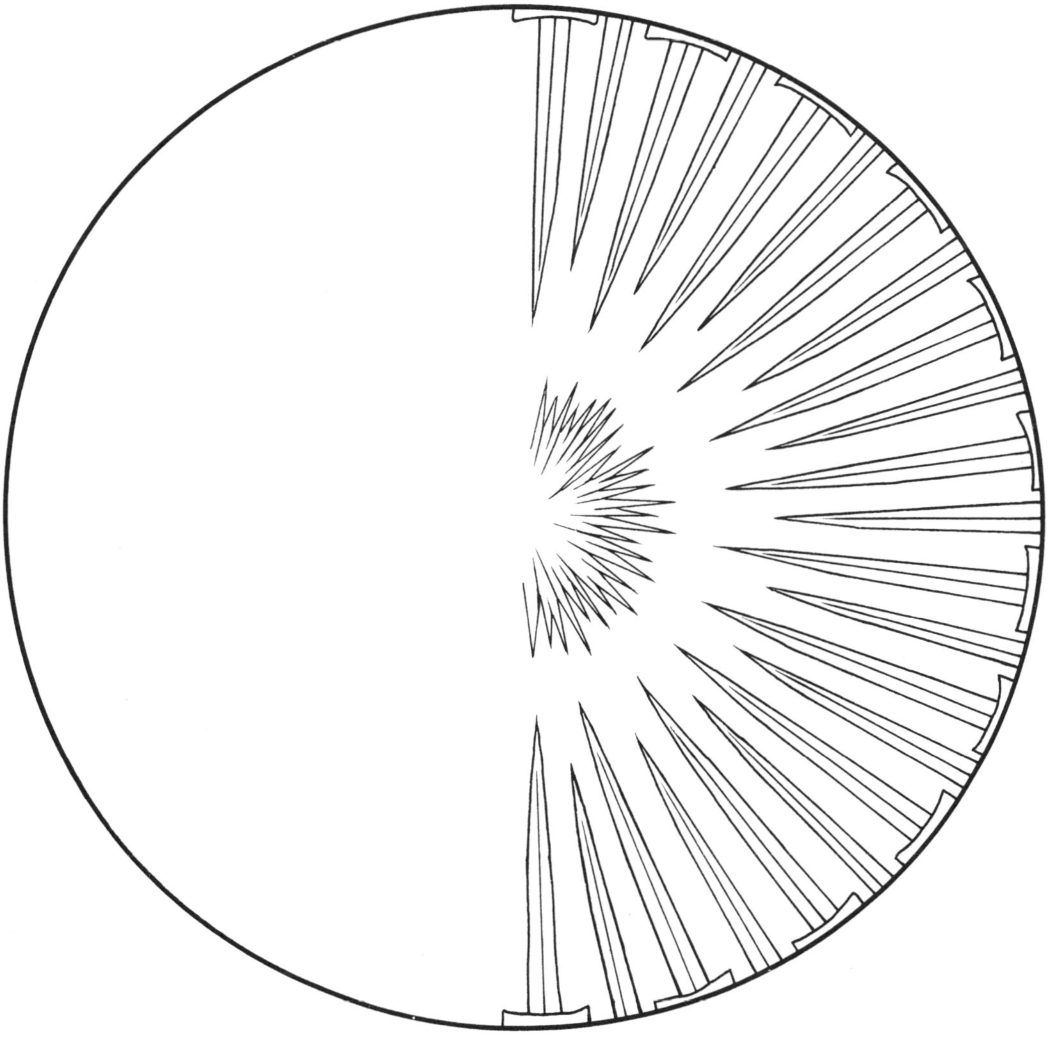

Calendario familiar mandálico

Se trata de recoger el ambiente de cada mes en un mandala. Como parece obvio, los niños más pequeños deberían colorear los mandalas que correspondan a los meses de primavera, abril-mayo-junio. Los adolescentes y adultos jóvenes se encargarían del verano, julio-agosto, o quizás agosto debería reservarse con septiembre para los maduros, los progenitores que están cerca de la mitad del camino de su vida. Octubre-noviembre-diciembre serán para los pensionistas, los jubilados de la familia, los abuelos, mientras que enero-febrero-marzo quedan para los bisabuelos.

Una criatura de un año puede intentar ya el mes de abril y tal vez no quedará su tipo de representación tan lejos del mandala de marzo hecho por la bisabuela.

Calendario mandálico de las cuatro estaciones

Más sencillo, asigna las cuatro estaciones a los cuatro cuadrantes del mandala. Se tratará de expresar el carácter de cada estación variando formas y colores; la primavera, por ejemplo, se manifestaría en formas agresivas volcadas hacia fuera y colores de la gama del rojo, que simbolizan los comienzos.

Si se avanza un paso más puede profundizarse el concepto dando un calendario de las cuatro edades de la vida: niñez y adolescencia para el primer cuadrante, edad adulta para el segundo, otoño de la vida para el tercero e invierno en el cuarto.

Mandala amerindio de las cuatro estaciones y cuatro edades de la vida

Mandalas recortados

Son muy fáciles de realizar. Se dobla dos veces por la mitad una hoja de papel, de manera que obtenemos cuatro capas superpuestas. Tomamos luego unas tijeras bien afiladas y empezando por el canto más «grueso», recortamos un dibujo que al desplegarlo se convierta en un mandala. Con la práctica se llega a conseguir figuras de sorprendente variedad. Si se pegan sobre hojas de celofán de distintos colores obtendremos ventanas coloreadas que gustarán a los niños, por ejemplo para adornos de Navidad (aunque no sólo).

Un efecto parecido puede lograrse con los colores a la cera, planchando luego el reverso de los mandalas hasta dar transparencia a los colores.

Pueden aplicarse mandalas transferibles sobre los cristales para conseguir efectos parecidos a los de los antiguos vitrales de iglesia.

Mandalas vivos

Los mandalas de pequeño tamaño permiten construir interesantes móviles. La ilusión de esfericidad se consigue cortando los radios de dos mandalas para encajarlos el uno dentro del otro, fijándolos con cinta adhesiva transparente.

Los más habilidosos podrán combinar la idea de los mandalas recortados con la del móvil; para aumentar el efecto del movimiento pueden añadirse iluminaciones, y también pegar los mandalas sobre fondos de celofán de diferentes colores.

El mandala árbol de Navidad

Es muy fácil revestir el árbol de esplendor mandálico, y con ello lo acercamos a su misión originaria mejor que cargándolo de golosinas, que en nuestras condiciones de abundancia ya no expresan el simbolismo del retorno de la luz. Si consideramos la mística profunda de la luz tal como se expresa en los rosetones góticos (véase mi libro *Mandalas*), veremos que el mandala es, en realidad, el adorno más idóneo para ese árbol.

Evidentemente podemos comprar las bolas, las estrellas plateadas y demás símbolos, pero también es posible utilizar nuestras propias creaciones, véase el apartado dedicado a los móviles.

También el período de Adviento requiere su mandala, como lo pone de manifiesto la siguiente proposición de corona.

Corona de Adviento.

Mandalas vacacionales

La playa ofrece muchas posibilidades, con sus conchas y demás productos del mar, con la ventaja añadida de que el mar recupera siempre esas creaciones. Con esto retornamos en cierto modo a las antiguas tradiciones mandálicas tibetanas, en donde el ritual siempre concluye con la «devolución» del mandala una vez terminado. Como también hacen los indios y en general todos los seguidores de los credos chamánicos.

Siguiendo la misma idea podrían proponerse muchos materiales de la naturaleza. Durante las vacaciones de otoño se puede montar un mandala en el jardín para abandonarlo luego a la intemperie. En invierno se ofrecen naturalmente los mandalas de nieve. Se han sugerido verdaderos portales de nieve, que luego el invierno hará desaparecer, dando así testimonio de su fuerza. Porque esas puertas se hunden con el comienzo del deshielo, y lo anuncian con la primera deformación.

Arco mandálico de nieve según una idea del artista Goldsworthy

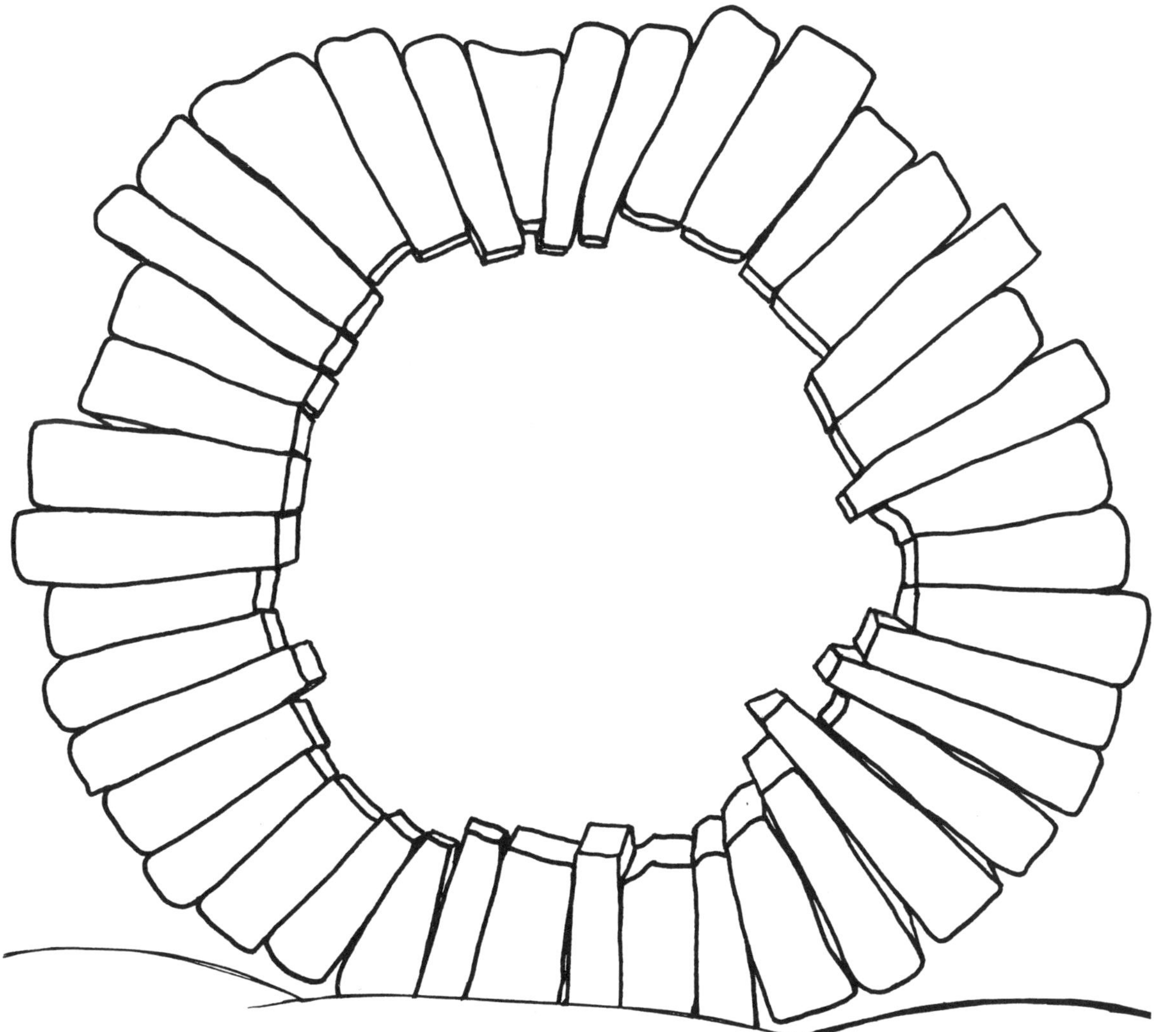

Mientras sea posible pasar debajo de este arco, el invierno todavía está en toda su fuerza.

Juegos en el mandala para pequeños y grandes

Hay muchos juegos que giran en la pauta del mandala, aparte ese mandala omnipresente, el esférico: desde la peonza de los niños, pasando por el hula-hoop de las adolescentes, el carrusel y la noria gigante, hasta la ruleta reservada a los adultos.

Lo más bonito de los juegos o ejercicios del mandala es que distraen siendo al mismo tiempo una terapia de intervención profunda, una terapia lúdica o un juego terapéutico, o nada más que un juego, según queramos verlo. En todo caso, es autoterapia y no requiere la presencia de ningún especialista, ni siquiera en un segundo plano. Todos los humanos somos especialistas en mandalas, si hace falta, y cualquier madre puede administrárselos a su hijo mucho mejor que cualquier estudioso futuro de los mandalas en futuras Universidades.

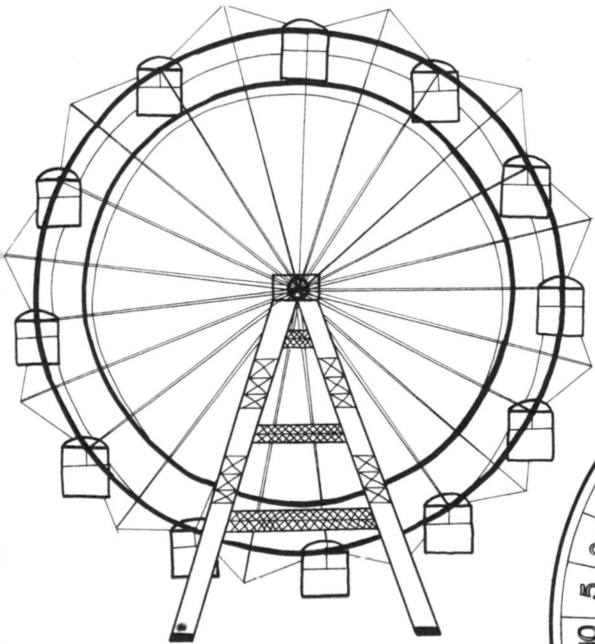

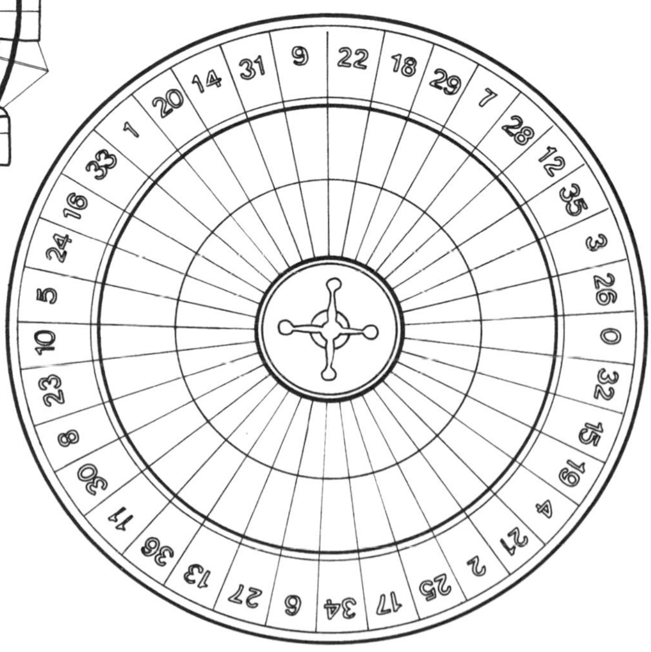

La danza en el mandala

Todos los corros, sardanas y sirtakis son mandalas aunque sólo fuese en razón de la figura que describen en el espacio. Pero es que, además, la danza obliga a centrarse, si no quiere el bailarín perder su centro y, por consiguiente, el equilibrio. La danza incluso enseña a estabilizar un centro de por sí inestable, o mejor dicho, a encontrarlo. «La vida es un baile» y otras expresiones por el estilo giran alrededor de esa verdad. Concretamente la demuestran los derviches del Islam e incluso nuestros aficionados al vals. Pero también los seguidores de la moderna danza acrobática necesitan tener el sentido de su centro, como queda dicho.

Danza de soldados griegos en una pieza de terracota ateniense *ca*. 750 a. C.

Jardinería mandálica por la estética y la decoración de los espacios

Con piedras, losas y hasta estacas clavadas puede darse forma de mandala a un jardín. Se producirá el efecto centrador porque la misma presencia de esa forma suscita interés y atención al centro; si nos colocamos en él notaremos cómo aumenta la capacidad de concentración. Poco a poco van dándose a conocer en Occidente ideas como el Feng Shui y el estudio de las pirámides, escuelas que nos enseñan, entre otras cosas, que la forma influye eficazmente sobre el contenido que encierra. El ejemplo del mandala permite experimentarlo fácilmente.

En este sentido sería sencillo construir en el propio jardín una rueda india de la medicina. Bastará familiarizarse algo con el mundo de los símbolos indios, en particular con los que designan los cuatro puntos cardinales, y tomar previamente la referencia con la brújula (que también es un mandala como no podía ser de otro modo): Ya podemos sentarnos dentro de ese recinto, eligiendo diversas orientaciones según deseemos meditar o reflexionar.

Jardinería mandálica por razones de salud

En un suelo de cemento que aún no haya fraguado empotraremos cantos rodados de diferentes tamaños y colores para componer un mandala interesante y que, además, reviste propiedades salutíferas. Caminaremos sobre él, preferiblemente descalzos para dar masaje a las diversas regiones reflexológicas del pie, y con esto tendremos una terapia para todo el organismo.

Mandalas vivos de las cuatro estaciones

Para la *primavera* e incluso para todo el año puede plantarse un mandala enterrando las semillas o los bulbos con arreglo a una disposición mandálica. Entonces, las plantas (arque)típicas de las estaciones al crecer formarán una especie de reloj floral vivo. En particular los niños gustan mucho de observar los cambios que va recorriendo ese mandala vivo. La idea, naturalmente, está copiada de los antiguos jardincillos de hierbas y flores que los campesinos ponían a las puertas de sus casas.

El mandala de *verano* puede combinarse con el mandala-reloj solar plantando una disposición circular de girasoles. Como éstos orientan sus cabezas hacia el sol, siempre sabremos qué hora es; estas experiencias con relojes naturales también llaman más la atención a los pequeños. Claro está que hoy disponemos de relojes mucho más exactos, pero la evolución de nuestra medición del tiempo hasta llegar a los cronómetros ultramodernos calibrados a la milésima de segundo se sigue mejor, espiritualmente, pasando revista a las experiencias naturales. De lo contrario resulta la imagen del hombre desvalido en ausencia de esos aparatos que maneja con tanta soltura, y que en el fondo no sabe a qué viene todo eso ni cómo va a acabar.

El mandala de *otoño* se pondrá de frutales o de plantas de hoja caduca; la estructura puede trazarse clavando estaquillas.

Para el mandala de *invierno* se recomienda algo parecido al arco de nieve descrito anteriormente.

Si preferimos un mandala para todo el año plantaremos un círculo de árboles, cuyo aspecto nos dirá siempre en qué estación nos encontramos, como es natural.

Si disponemos de espacio suficiente podemos plantar incluso una cabaña de mimbres; por su vitalidad y flexibilidad éstos pueden transformarse en una especie de iglú vivo, que tonifica los corazones infantiles (ésa es una cualidad de todos los mandalas).

El árbol de las cuatro estaciones

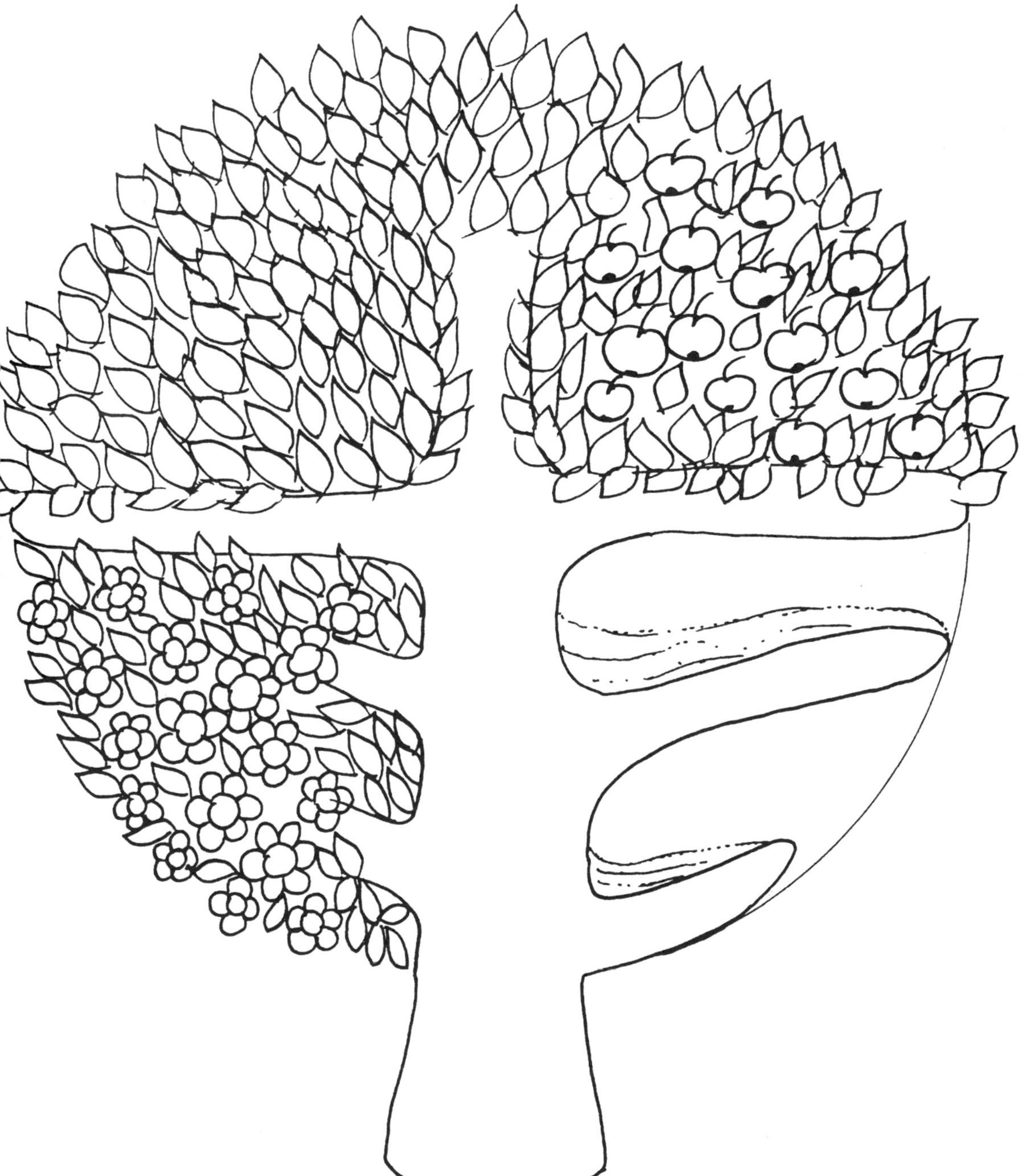

La rueda de la fortuna como círculo de las cuatro estaciones

Esta miniatura de un códice francés del siglo XIV nos muestra a los ángeles que hacen girar la rueda de la fortuna al tiempo que entonan alabanzas al Señor.

Mandalas culinarios

El prototipo de éstos puede ser una manzana pelada cuya cáscara haya salido entera formando una espiral mandálica perfecta y, además, sirve para elaborar una infusión. Esto, prescindiendo de que la manzana misma es mandala antes y después de la operación.

Si se corta a rodajas, lo mismo que si se parte por la mitad, se revelan otros mandalas, aunque naturalmente cada pepita lo es también.

Lo mismo sucede con la mayoría de las frutas y verduras; algunas son mandalas en potencia que se manifiestan al cortarlas, como los tallos de apio y las zanahorias. Otros, como la coliflor, son fractales compuestos de una infinidad de mandalas pequeños.

En el momento de disponerlos en el plato suele elegirse la decoración mandálica, bien se trate de ensaladas o de soufflés, de entremeses o de frituras. Si permanecemos conscientes de ello podremos elevar el arte culinario a niveles nunca vistos.

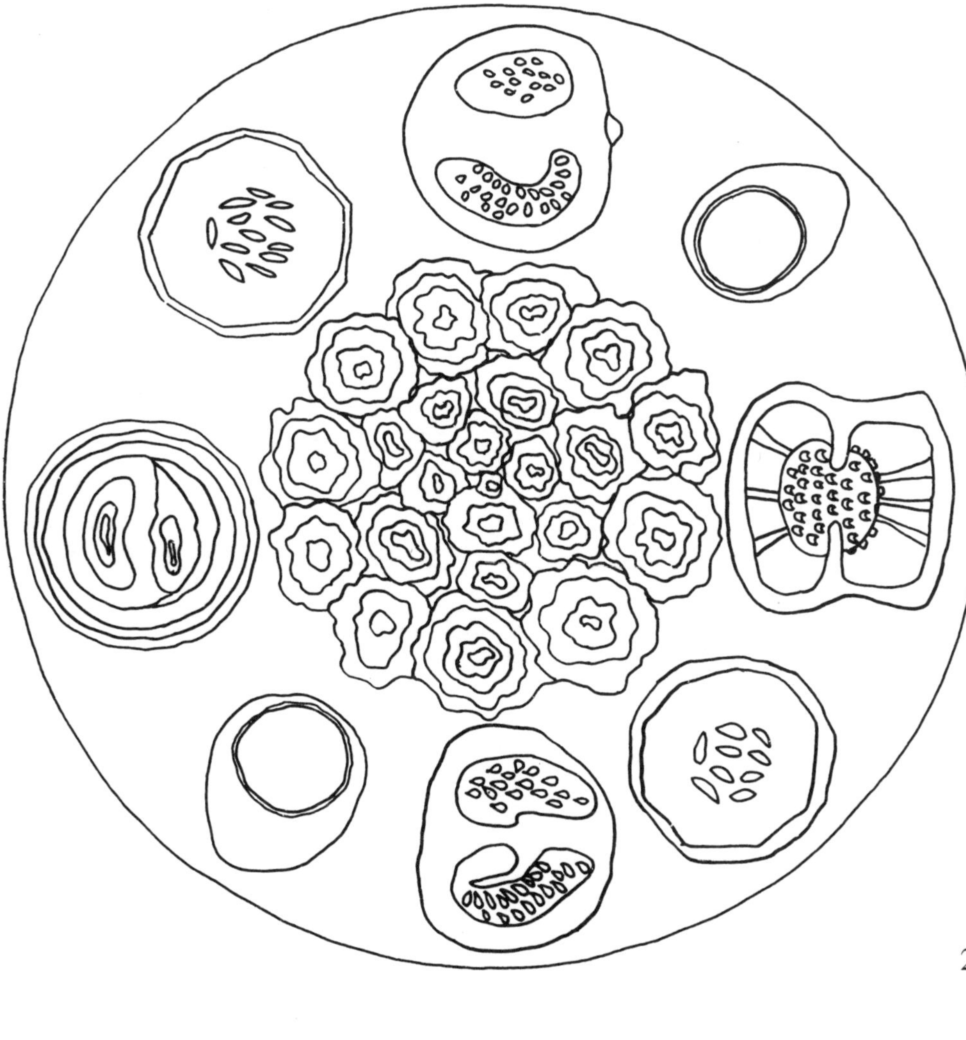

Artesanías mandálicas

Para muchos el arte empieza por las artesanías, y ahí se abren posibilidades ilimitadas. Casi todos los materiales permiten confeccionar un mandala, desde los platos decorados hasta los arcos de forja.

Una experiencia maravillosa que recomiendo intentar si se presenta la oportunidad, es soplar un cristal uno mismo. De aquí se infiere la recomendación de matricularse en alguna escuela de artes y oficios.

También los trabajos de cestería suelen tener la pauta mandálica:

El mandala como disciplina artística

Siguiendo el camino prefigurado pasamos al mandala como obra de arte; hemos mencionado ya los impresionantes mandalas naturales de Goldsworthy (Andy Goldsworthy, *Zweitausendundeins*, Francfurt del Meno 1991); cabe mencionar también los mandalas pintados y ornamentados con gemas de Marlies Laduree (*Les mandalas contemporains*, Autoédition). Con lo cual se cierra el círculo iniciado con los vitrales góticos, que también son obras artísticas de incalculable valor.

Mandala final

Este círculo de mandalas se cierra con estas pisadas en la arena que la resaca acabará por borrar, que evidentemente vuelve a abrirse en cada mandala nuevo. El camino va de punto medio a punto medio, o como dicen los indios, «de aquí a aquí».

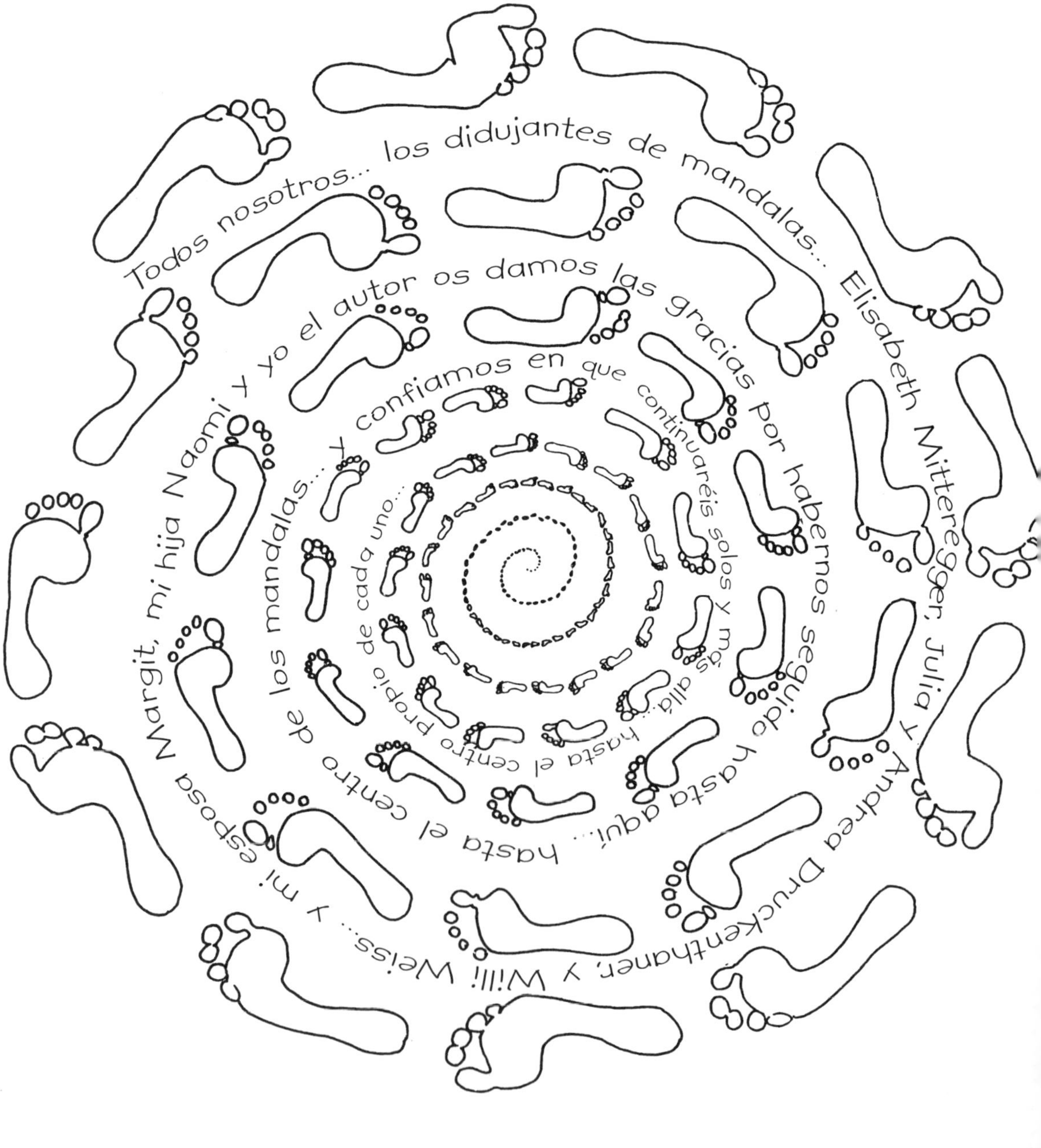

Otras obras de Ruediger Dahlke

Dahlke, Ruediger y Dethlefsen, Thorwald, *La enfermedad como camino*, Barcelona, Plaza y Janés, 1995.

Dahlke, Ruediger, *El ayuno consciente*, Barcelona, Obelisco, 1996.

—, *Mandalas: cómo encontrar lo divino en ti,* Barcelona, Robinbook, 1997.

—, *El mensaje curativo del alma*, Barcelona, Robinbook, 1998.

—, y Ehrenberg, Doris, *El libro de la desintoxicación y la salud*, Barcelona, Robinbook, 1999.

—, *Las etapas críticas de la vida*, Barcelona, Plaza y Janés, 2000.

Índice

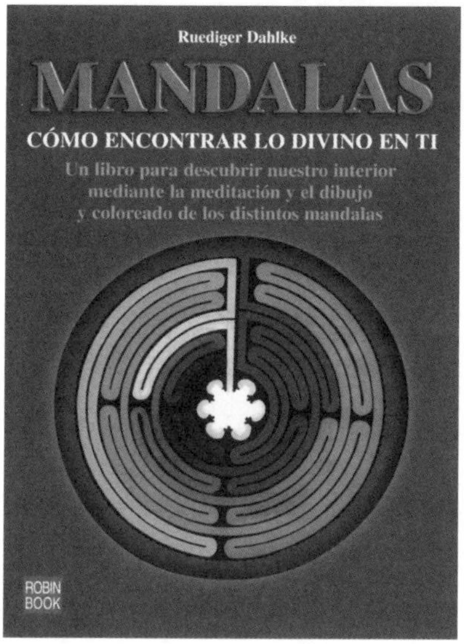

MANDALAS
Ruediger Dahlke

Un libro para descubrir nuestro interior mediante la meditación y el dibujo y coloreado de los distintos mandalas.

Mandala significa círculo y es el símbolo de lo infinito, lo eterno y lo divino que hay en el interior de todo ser humano. Esta obra constituye una guía práctica en la que, a través de ejercicios de meditación, iluminación y coloración, cada persona elabora sus propios mandalas, descubriendo así su particular camino hacia la pauta primordial de la existencia. Se trata, por tanto, de un libro que no había sobre mandalas, sino que se expresa a través de ellos.

- Cómo reconocer la realidad esencial del mandala a través de las culturas y de las manifestaciones de la naturaleza.
- Potenciar y estimular nuestros resortes emocionales más íntimos: la intuición, la creatividad, la emotividad...

EL MENSAJE CURATIVO DEL ALMA
Ruediger Dahlke

Cómo interpretar los síntomas para descubrir las causas espirituales de la enfermedad.

Junto a detallados análisis de las más diversas enfermedades y su significado para el afectado, Dahlke se ocupa muy detalladamente de cómo tratar cada una de ellas. Así, el médico y psicoterapeuta describe en este libro una gran cantidad de cuadros patológicos concretos con el objetivo de ayudar al lector a leer e interpretar sus propios síntimas y establecer con posterioridad la relación con las causas espirituales de la enfermedad. Se trata de un libro irreemplazable, muy adecuado como obra de consulta y para le estudio profundo de la interrelación entre cuerpo y alma.

- Cómo interpretar los síntomas de numerosos trastornos de la salud.
- Un estudio del cáncer desde sus vertientes fisiológica, cultural y social.
- Los problemas glandulares como el hiper y el hipotiroidismo.
- Las afecciones relacionadas con la columna vertebral, los vicios posturales, las escoliosis y las lesiones espinales.
- Las enfermedades leves de la piel como los hongos o las verrugas.
- Los problemas y afecciones más comunes que afectan a la tercera edad.

LA ENFERMEDAD COMO SÍMBOLO

Ruediger Dahlke

Un completo diccionario de los síntomas psicosomáticos, su simbolismo, su interpretación y su tratamiento.

Ruediger Dahlke concibe la enfermedad como un proceso lleno de sentido, como una vía del alma para trasladar a la conciencia los conflictos psíquicos no resueltos. Para ello es necesario conocer la interpretación simbólica de los síntomas de las enfermedades, es decir, descifrar el mensaje de la enfermedad. Este manual, que incluye unos 400 cuadros patológicos con más de 1.000 síntomas, brinda apoyo tanto al terapeuta como al lector que realiza un tratamiento médico o de autoayuda, y permite al usuario plantearse, bajo su propia responsabilidad, las tareas convenientes que le indica la enfermedad. De este modo es posible:

- Saber con qué áreas de nuestra conciencia se relacionan las diferentes regiones y órganos del cuerpo (vesícula, próstata, ovarios, columna vertebral, etc.)
- Conocer el significado asociado a los problemas que afectan a cada órgano o parte concreta del cuerpo.
- Encontrar una terapia o vía de solución adecuada, tanto en el plano físico como psíquico, para cada trastorno o dolencia.
- Conocer los significados últimos de todas las enfermedades y trastornos: desde la esclerosis múltiple, el cáncer, el alzheimer, el estrés hasta una simple migraña.

FENG SHUI

William Spear

Cómo lograr la máxima energía y salud mediante simples cambios que podemos hacer en nuestras casas.

La idea básica del feng shui es que estamos rodeados de energía que fluye en nosotros, en nuestras vidas y en las de nuestros semejantes. Para los orientales los seres humanos y la tierra forman una sola unidad y el ideal de una casa es la integración del mundo exterior en el ambiente interior con un favorable flujo de energía. Nuestras casas son receptoras de esta energía y la manera en que fluye es determinante para nuestro bienestar físico, emocional y económico.

- Cómo identificar qué lugares de nuestra casa se corresponden con distintas áreas de nuestra vida.
- Comprender las influencias prácticas del feng shui sobre nuestra vida e iniciar un proceso de reestructuración de aquellas áreas que están en desequilibrio.

MANUAL DE REFLEXOLOGÍA
Alicia López Blanco

Un completísimo manual ilustrado teórico y práctico sobre la reflexología y su poder curativo desde la perspectiva de la medicina holística.

En este libro, Alicia López Blanco nos transmite su método completo de enseñanza de esta terapia. Bajo un sólido marco teórico, esta obra expone una exhaustiva y detallada descripción práctica de las formas de aplicación de las técnicas manuales, verbales y diagnósticas.
También propone cómo desarrollar sesiones generales y específicas para tratar problemas puntuales, así como precisas indicaciones para realizar la lectura de los pies y una interpretación holística de los síntomas corporales que facilite la decodificación de los mensajes que emite el cuerpo a través de los desequilibrios.

- La filosofía del holismo y su desarrollo en la reflexología podal.
- Aproximación reflexológica a la anatomía humana.
- Interpretación holística de los distintos desórdenes y trastornos.
- Aplicación de las técnicas manuales, verbales y diagnósticas para la curación.
- Orientación para la realización de programas reflexológicos aplicados a problemas de salud concretos: sesiones generales y sesiones específicas.
- Cómo leer e interpretar el mensaje de los pies.

CURARSE CON LA ENERGÍA
Starr Fuentes

Cómo curar mediante la imposición de manos.

Los sanadores constituyen el medio o conducto entre las energías curativas y el sujeto al que se aplica la curación. Starr Fuentes lleva cincuenta años trabajando como maestra sanadora y de sus enseñanzas se han beneficiado más de diez mil alumnos. Por eso ahora ha decido transmitir sus enseñanzas en este libro. Son técnicas recopiladas en todas las partes del mundo y proceden del conocimiento de los grandes maestros.
La sanación puede producirse por innumerables caminos, puede producirse con una sonrisa, con el tacto, o bien con una palabra oportuna. Pero también puede producirse mediante una vibración, una imposición de manos o un remedio a base de hierbas.
Sea cual sea la vía escogida siempre es necesaria la participación de una persona que reconduzca la energía hacia el sujeto necesitado de sanación.

- La función del sanador.
- La conexión con las cuatro energías.
- El aura y los sistemas de chakras.
- La circulación de la energía.

REIKI ESENCIAL

Diane Stein

Los secretos del Reiki finalmente desvelados Las enseñanzas completas para uso de sanadores occidentales.

El Reiki es un sistema de curación a través de la imposición de manos que, a pesar de su reciente popularidad, ha permanecido en secreto porque las escuelas tradicionales de Reiki consideran que los símbolos no deben divulgarse por su carácter sagrado.
Este libro es diferente a los ya publicados sobre el tema ya que su intención es desmitificar totalmente este antiguo método curativo y hacerlo asequible a muchas más personas para que puedan beneficiarse de esta técnica tan poderosa y efectiva.

- Cómo utilizar el método del primer grado para la autocuración y la sanación de otras personas y de grupos.
- Cómo utilizar el método del segundo grado para efectuar la curación a distancia.
- Cómo trabajar con la energía Ki.
- Cómo convertirse en maestro de Reiki y cuáles son los símbolos del tercer grado.

REIKI ESENCIAL 2

Diane Stein

La guía más completa del antiguo arte curativo con información inédita e imprescindible para el sanador, el practicante o el maestro de esta disciplina.

Para Diane Stein, Reiki es un poderoso arte curativo que en el pasado era una tradición secreta celosamente guardada. La autora de este libro se ha propuesto que cualquier persona que se inicie en esta tradición milenaria conozca todos sus secretos. Desde que empezó sus enseñanzas en 1990, Stein ha iniciado a miles de estudiantes en los tres grados de la sanación. A partir de este intenso trabajo ha desarrollado un completo método de preparación que abarca la totalidad de los fundamentos de este antiguo sistema. *Reiki esencial 2. Manual de enseñanza para sanadores* proporciona al alumno las herramientas necesarias, no sólo para iniciar la práctica de esta disciplina, sino también para establecerse en la misma y aumentar su eficacia.
A lo largo de sus páginas Diane Stein nos habla, entre otros muchos aspectos, de:

- Cómo prepararse para ser sanador de Reiki.
- Cómo transmitir las sintonizaciones.
- Cómo trazar los símbolos Reiki.
- Cómo preparar el espacio para la enseñanza del Reiki.